요즘 중국

'서조선'부터 '비단잉어'까지 신조어로 읽는

요즘 중국

굿모닝 다이스케 지음 | 박재영 옮김

세종

중국은 '이상한 나라'다.

예전에 현대 중국을 대표하는 작가 중 한 명인 위화余华와 대화를 나눴을 때 "중국이라는 나라를 어떻게 받아들이면 좋을까요?"라고 물어봤다. 그러자 잠시 말없이 생각한 후 이렇게 말했다.

"중국은 이 세상의 카오스(혼돈)입니다. 중국에 관해 확실한 한 가지는 그 누구에게서도 내일의 모습을 예측할 수 없다는 점입니다."

그런 아시아의 원더랜드에 하늘은 선물을 하사했다. 바로 '한자'다.

'태초에 말씀이 계시니라. 이 말씀이 하나님과 함께 계셨으니 이 말씀은 곧 하나님이시니라. (중략) 오직 한자만이 지금도 여전히 불사조처럼 살아남아 있다. 이 거대하면서도 왕성한 생명력은 쉽사리 고갈되지 않는다' – 일본의 한자 연구 일인자 시라카와 시즈카白川静 박사(1910~2006년)는 저서 《한자》에서 이렇게 단언했다.

다행히도 같은 한자 문화권에 사는 일본인은 한자를 이해할 수 있다. 그래서 이 책에서는 중국의 신조어, 유행어, 은어 34종류를 다뤄서 가장 최근에 볼 수 있는 현대 중국의 새로운 모습에 대해 설명하고 중국인을 있는 모습 그대로 이해하려고 시도했다. 정치, 경제, 외교 용어부터 MZ세대 언어, 인터넷에서 삭제된 금지어까지 그야말로 옥석혼효(玉石混淆, 좋은 것과 나쁜 것이 한데 섞여 있다. - 역주)다.

- 서쿵社恐, 포시佛系, 컨라오주啃老族, 탕핑躺平, yyds, 45두런성45度人生, 바이롄화白莲花, 주궁바이차이猪拱白菜, 룬쉐润学
- 궁퉁푸위共同富裕, 부왕추신不忘初心, 쉐챠가이学查改, 잔랑 외교战狼外交, 페이뤄시 촨타이佩洛西窜台, 쳰녠따지千年大计, 바이웨이빙白卫兵
- 둥타이칭링动态清零, 신녕웬런新能源人, 마이터우쿠간埋头苦干, 이궈량쯔一国两制, 산하이쩡처三孩政策, 사황다페이扫黄打非,

먀오샨秒删, 시차오셴西朝鲜

* 주주류九九六, 다궁런打工人, 와이마이치쇼外卖骑手, 즈보다이훠直播带货, 란웨이러우烂尾楼

* 판쉐凡学, 미훠싱웨이迷惑行为, 진리锦鲤, 룽겅融梗, 쿵훈주恐婚族

한자를 딱 보고 상상이 가는 말도 있는가 하면 종잡을 수 없는 말도 많지 않은가? 일단 목차에 힌트를 추가했다. 각각 독립적인 7페이지짜리 에세이이므로 관심 있는 말부터 읽어 보기 바란다.

나는 1980년대 말부터 30여 년에 걸쳐서 중국 소식통을 담당하고 있는데 '시진핑 신시대'라고 하는 지금만큼 중국을 이해하기 어려운 시대는 없다. 또한 앞으로 더욱더 '이상한 나라'가 될 듯한 기분이 든다.

그런 배경에서 신조어, 유행어, 은어는 중국 사회의 본질을 파악할 수 있는 귀중한 '살아 있는 정보'다. 아무쪼록 마음 편히 읽고 제법 그럴듯한 중국통이 되었으면 좋겠다.

곤도 다이스케

일러두기

- 소제목 하단의 사전 형식의 내용은 편집자가 편집 요소로서 집어넣은 것이며, 내용은 본문에 기반 하되 중국어 전문가의 감수를 거쳤음을 밝힌다.
- 가급적 중국어 단어는 중국어 병음을 살리는 방향으로 편집을 진행하였다.
- 중국어 표어나 속담, 중요한 문구 등은 미주로 처리하였다.

3장. '황제' 시진핑을 골치 아프게 하는 존재

4장. 온종일 싸울 수 있습니까?
약육강식의 중국 비즈니스

5장.　한국의 신경쓰이는 이웃 일본과 중국

1장 ★★★

중국 스마트폰
세대의 민낯

- 서쿵社恐: 사람 만나기를 무서워하는 요즘 중국 청년들
- 포시佛系: 종교 용어가 아닙니다!
- 컨라오주啃老族: 나이가 몇인데 언제까지……
- 탕핑躺平: 전용 소파까지 있습니다
- yyds: 중국 MZ세대들이 사용하는 암호
- 45두런성45度人生: 중용과 비슷하지만 전혀 다른 삶
- 바이롄화白莲花: 잘 나가는 중국 여성들
- 주궁바이차이猪拱白菜: 중국판 미녀와 야수
- 룬쉐润学: 중국을 포기하는 청년들

1. 사람 만나기를 무서워하는 요즘 중국 청년들

사공社恐 / 모일 **사**, 두려울 **공**
〔서쿵〕
① 중국인들이 사람 만나는 걸 무서워하는 현상을 일컫는 말.
¶요즘 사람 만나는 게 무서워…나도 서쿵런(社恐人)인가봐.
¶소위 '서쿵(社恐)' 청년들은 오프라인 만남보다는 온라인 소통을, 보이스톡이
　나 전화보다는 문자 메시지로 해결하는 것과 같은 새로운 사교방식을 선호
　한다.
　㊀ 서쓰(社死), 지아리둔(家里蹲)
　㊉ 서쿵런(社恐人)

위의 두 글자와 가만히 눈싸움한다. 무능력한 회사원인 내 귓가에
'회사社가 무섭다恐'는 목소리가 들려온다.

　하지만 여기에 쓰인 '사社'는 '회사'라는 뜻이 아니라 '사교社交'의
약자다. 뒤의 '공恐'은 '공포증Phobia'을 말한다. 합쳐서 '사교 공포증
(대인기피증)', 즉 다른 사람과의 교류를 무서워해서 집안에 틀어박히
는 청년들을 가리킨다.

중국을 지배하는 공산당중앙위원회에 기관지인 〈런민르바오人民日日报〉와 어깨를 나란히 하는 선전부 기관지인 〈광밍르바오光明日报〉라는 신문이 있다. 평소에는 공산당의 방침 등 딱딱한 내용을 싣는데 2020년 8월 30일 자에 실린 청년들에 관한 기사가 중국 사회에서 큰 반향을 불러일으켰다.

그 기사는 '서쿵'에 관한 내용이었다. 요즘 중국 청년들을 대상으로 '당신에게도 이른바 서쿵이 있습니까?'라고 설문 조사했더니 중국 전역의 2,532명이 대답했다. 문제는 그 결과인데 다음과 같다.

- '서쿵이 있다. 내심 모든 사교 활동을 회피한다' 863명
- '조금 있다. 만나서 교류하기보다 온라인을 통한 비대면 의사소통이 훨씬 더 좋다' 710명
- '서쿵은 없지만 굳이 마음을 쏟아서 다른 사람과 시간을 보내려고 하지는 않는다' 890명
- '없다. 나는 다른 사람과 잘 어울린다' 69명

이처럼 '있다'와 '조금 있다'를 합치면 대답한 사람의 전체 62%에나 달했다. 반대로 '다른 사람과 잘 어울린다'라고 대답한 청년은 전체의 고작 2.7%뿐이었다.

이 충격적인 결과를 보고 사회학자부터 교사, 언론까지 포함해서 큰 논쟁을 벌였다. 조금 과장해서 말하자면 '이 상태로는 중국이 멸

망한다' 라며 어른들이 위기감을 느꼈다.

　나도 이 기사를 읽고 충격을 받은 것은 마찬가지였다. 1980년대 말부터 1990년대까지 중국인과 인연을 맺었던 나는 오히려 중국인이 지나치게 사교적인 점에 당황해하는 나날을 보냈기 때문이다.

　예를 들면 저녁 7시 즈음에 방송하는 CCTV(중국중앙텔레비전)의 〈신원롄보(新闻联播, 뉴스 연합보도)〉는 당시 남성 아나운서의 "친구들, 안녕하세요!"라는 인사로 시작했다. 만난 적도 없는 아나운서의 입에서 매일 저녁 이 한마디를 들을 때마다 놀랐다. 이 인사는 현재도 아침과 점심 뉴스에서 들을 수 있다.

　또한 지방으로 여행을 가면 시골 호텔에서는 중국인 숙박객들이 문을 활짝 열어놓고 지내는 일도 많았다. 어느 날 내가 중년 남성에게 그 이유를 물어보자 "혼자서 출장을 와서 쓸쓸하니까 언제 누가 말 상대를 하러 들어와도 상관없도록 문을 열어놓습니다"라고 했다. '처음 만나면 관계가 생기고 두 번 만나면 관계가 무르익으며 세 번 만나면 친구가 된다'[1] 라는 중국어 속담도 알려줬다.

　그 남성과 담소를 나누며 내가 "일본에서는 남성 동료와 둘이서 지방에 출장을 갈 때라도 묵는 방은 반드시 따로 잡습니다. '친한 사이에도 예의를 지켜야 한다'는 뜻이지요"라고 설명하자 어리둥절해했다. 그러고 보니 내가 1995년부터 1996년까지 유학한 베이징대학교도 전원 기숙사제로 8인실이었는데 사생활이 없는 것이나 다름없었다.

하지만 그러는 동안 중국인이 이렇게까지 사교를 좋아하는 이유는 중국 사회가 실패할 위험이 매우 크기 때문이라는 사실을 알게 되었다.

중국 사회는 살아보면 알 수 있는데 마치 하행 엘리베이터를 타고 생활하는 것 같다. 일본에서는 가만히 있으면 같은 장소에 머무르지만 중국에서는 가만히 있으면 주위 사람들에게 밀린다. 그래서 늘 발버둥 치지 않으면 현재 상태를 유지하기도 불안하다.

일본은 주위가 바다로 둘러싸여있고, 대다수가 단일민족이라 때문에 여유롭게 지낼 수 있다. 그러나 중국은 일본의 약 26배나 넓은 국토를 가진 대륙 국가이며 러시아와 인도, 북한 등 방심할 틈을 주지 않는 14개국에 둘러싸여 있다. 중국 국내에서는 언어와 종교, 식사와 생활 습관 등이 다른 56개의 민족이 14억 4,349만 7,378명(2020년 11월 1일의 인구조사 기준)이나 공생하고 있다.

그곳에서는 일본과는 비교할 수 없는 경쟁이 벌어지며 언제 어느때, 어디에서 누가 공격해올지 모른다. 또한 늘 결과를 추구하며 과정은 별로 따지지 않는다. 그래서 방심할 틈도 없는 사회가 형성되었고 안타깝게도 속인 사람을 혼내기보다 속은 사람을 비웃는 풍조가 있다.

또한 대부분의 사람들은 정부를 신용하지 않는다. 지역사회나 소속된 회사도 믿지 않는다. 수도 베이징에서는 2021년 이혼율(결혼 건수에 대한 이혼 건수의 비율)이 57.26%에 달했을 정도라서 어쩌면 가족도 믿지 못할 수 있다. 일본에서는 '잉꼬부부'라고 하는데 중국에서는 '원앙도 큰 어려움이 닥치면 각자 날아간다'[2]라고 한다.

그렇게 되면 중국인은 도대체 누구를 믿고 살까? 바로 자신의 오감으로 '이 사람은 믿을 수 있다'라고 판단한 친구다. 그런 친구의 친구도 '준 친구'로 삼아서 '친구의 고리'를 넓혀가는 것이다. '친구 한 명이 늘면 길이 하나 더 생긴다'[3]라는 속담도 있을 정도다. 그런데 그토록 사교적이었던 중국인이 이제는 일본 청년들 이상으로 '서쿵'으로 변신하고 말았다.

그 이유로는 첫째로 '빠링허우80后'라고 하는 1980년대생 이후에는 거의 다 외동이라서 철이 들었을 때부터 혼자에 익숙해진 것을 들 수 있다. 중국 사회는 맞벌이가 당연해서 이른바 '집 열쇠를 갖고 다니는 아이 세대'다.

둘째로 스마트폰이 보급되어 자택에서 스마트폰으로 노는 시간이 급증한 점이다. '최고의 친구는 스마트폰'이라는 뜻이다.

하지만 나는 또 다른 이유가 있다고 생각한다. 앞에서 말했듯이 중국 사회가 다양한 의미에서 위험성이 큰 사회라는 점이다. 방심할 틈도 없는 사회가 형성되었기 때문에 외출해서 누군가와 무슨 일을 하려고 하면 몹시 피곤해진다.

그래서 젊은 '서쿵런(社恐人, 아웃사이더)'들은 마치 달팽이처럼 집이라는 껍데기에 틀어박혀 있다.

다만 '빙요(病友, 동료 환자)'라고 부르는 같은 '서쿵런'끼리는 SNS

를 통해서 연락하기 때문에 완전히 고독한 것도 아니다. 또 정보는 기본적으로 스마트폰을 통해서 얻을 수 있어서 예전처럼 '친구의 고리'가 필수적인 것도 아니다.

그래도 앞으로 일본의 '8050'(80대의 부모가 50대 은둔형 외톨이 자녀를 부양한다)과 같은 사회 현상이 반드시 나타날 것이다. 게다가 그 규모는 일본의 10배를 넘는다.

참고로 일본의 히키코모리(引き籠もり, 틀어박힌 사람)를 중국어로 번역할 때는 지아리둔家里蹲이라는 신조어를 사용한다. '지아리家里'는 '집안', '둔蹲'은 떡하니 자리 잡고 앉아서 움직이지 않는 상태를 말한다. 일본 유행어를 번역할 때 흔히 있는 사례인데 대만 사람이 번역한 말을 그대로 받아들였다.

'서쿵'의 유의어로 '서쓰社死'가 있다. 한층 더 오싹한 말인데 2020년 무렵에 SNS에서 유행어가 되었을 때는 '사회성 사망(사회적 죽음)'의 약어였다.

이를테면 직장에서 어떤 청년이 동료 여성에게 고백했다고 하자. 하지만 그녀에게는 전혀 사귈 마음이 없었을 뿐만 아니라 '그 남성에게 프러포즈를 당했다'라며 직장에서 소문을 퍼뜨리고 다닌다. 그럴 때 청년이 '워하오서쓰아!我好社死啊! 나도 사회적으로 죽었구나!'라고 투덜거린다.

하지만 2022년 4월과 5월에 중국 최대 경제 도시 상하이의 시민들이 코로나19 사태를 이유로 '펑청(封城, 도시 봉쇄)'되었을 때도 그들은 연일 '서쓰'를 발언했다. 2,500만 명이 강제적으로 '서쓰'를 당했다는 의미에서 이쪽은 훨씬 심각한 사태였다.

2. 종교 용어가 아닙니다!

불계 佛系 / 부처 **불**, 맬 **계**

〔포시〕

① 마치 득도한 것처럼 돈벌이와 출세에 관심도 없이 욕망을 억제하며 사는 중국 청년들을 일컫는 말.

¶한국에 무소유가 있다면 중국에는 포시(佛系)가 있다.

¶포시(佛系)에 들면 살기가 더 쉬워질 것입니다.

㊦ 사토리 세대

'류링허우60后'라고 하는 1960년대생인 엘리트 중국인들은 흔히 '64세대'로 불린다.

'64(류쓰)'는 1989년 6월 4일, 즉 베이징에서 톈안먼天安门 사건의 비극이 일어난 날이다. 그 시대에 청춘을 보낸 것과 민주화 운동에 좌절한 것을 담아서 이런 표현이 정착했다.

나는 일본의 '64세대'이다. 하지만 물론 일본에서는 그렇게는 불리지 않고 '버블세대'로 불린다.

'버블세대'라는 말에도 이제는 애수가 감돈다. '청춘 시절에 돈만 펑펑 쓰고 쓸모없어져버린 아저씨(아줌마)'라는 의미가 언외에 담겨 있기 때문이다.

진짜로 맞는 말이라서 반론할 수 없다. 특히 회사에서 컴퓨터에 관한 새로운 시스템이 도입되었을 때는 부족한 대응능력이 드러났다.

주위의 젊은 사람들에게 도움을 요청할 수도 있지만 그들에게 점심시간에 수다를 떨 소재를 제공하는 것과 같다. '그 버블세대 아저씨는 이런 일도 못하더라', '정말로 짐스러운 팀원이야······.'

나는 아무래도 상관없다. 중요한 것은 1989년 시점에서 바다를 사이에 둔 일본과 중국에는 다른 세계가 펼쳐졌다는 뜻이다.

중국에서 나와 같은 세대들은 인플레이션을 전혀 안정시키지 못하는 공산당 정권에 속을 태웠다. 그래서 정치를 민주화하여 자신들이 바라는 사회를 구축하려고 주먹을 치켜들었다.

구체적으로는 정치의 민주화를 노리다 해임되어 비명횡사한 후야오방胡耀邦 전 총서기의 추도식이라고 칭하며 100만 명이 모일 수 있는 톈안먼 광장에 집결했다. 그리고 그 상태로 광장을 두 달 가까이 점거하며 항의의 목소리를 높였다.

하지만 공산당 정권 쪽도 중화민족끼리 피로 피를 씻는 국공내전(1946~1949년)을 이겨낸 역전의 장로들이 당시에는 여전히 건재했다. 그 때문에 '100만 명이 죽어도 총인구의 약 0.1%에 지나지 않는다'며 강경한 태도를 보였다. 마지막에는 덩샤오핑邓小平 중앙군사위원회 주석의 명령 한 번으로 6월 4일 새벽, 인민해방군의 전차부대를 톈안먼 광장에 진입시켰다.

그 결과 베이징에서 1천 명이 넘는 청년들이 사망했다. 그때의 비극은 당시 중국 청년들의 운명을 바꿨을 뿐만 아니라 사회인이 되고 처음 맡은 일이 톈안먼 사건의 보도였던 도쿄 청년 기자의 운명도 바꿨다. 맞다. 내 얘기다. 회사에서 밤을 새우며 CNN의 생중계를 보면서 눈물이 멈추지 않았다. 그때 평생을 걸고 중국에 대해 보도하겠다고 마음속으로 맹세했다.

정말로 당시 베이징의 청년들은 공산당 정권에 대해 신들린 듯 무섭게 분노했다. 내 마음대로 이름을 붙인다면 '귀신같은 사람들'이라는 뜻의 '꿰시鬼系'다.

입춘 전날에는 잡귀에게 콩을 던지는데 덩샤오핑 군사위원회 주석은 '꿰시'의 청년들에게 중국의 화폐를 마구 뿌렸다.

"그 주먹으로 앞으로는 돈을 잡아라. 정치의 민주화는 허락하지 않지만 그 대신 부자가 될 자유를 주겠다."

그 방침을 중국에서는 '사회주의 시장경제'라고 부른다. 1992년 10월에 열린 제14회 중국공산당대회에서 '사회주의 시장경제'를 당제로 정했다. 이듬해 3월에는 헌법을 개정해서 제14조에 이렇게 명기했다.

'국가는 사회주의 시장경제를 실행한다.'

이렇게 해서 고대부터 '먹기'와 '돈 벌기'라는 두 DNA가 이식되어 있는 중화민족은 일제히 '돈을 믿는 신자'로 변화했다.

베이징에서는 미국 유학을 마치고 돌아온 리옌훙李彦宏이 바이두百度를 창업하고 톈안먼 사건의 영향이 없었던 선전深圳에서는 마화텅马化腾이 텐센트腾讯를 창업했다. 항저우杭州에서는 영어 교사였던 마윈马云이 '하늘 이래 어려운 사업이 없게 한다'⁴라는 경영 방침을 내걸고 알리바바阿里巴巴를 시작했다. 1990년대에는 그 밖에도 셀 수 없을 정도로 많은 민영기업이 '내일의 중국은 오늘보다 더 훌륭해진다'⁵라는 '중국몽Chinese Dream'을 바라며 크게 뻗어나갔다.

사실 덩샤오핑은 '꿔시'의 청년들과 그 외에도 '약속'을 주고받았다. 먼저 그들이 결혼했을 때 아이는 '한 자녀'일 것을 강요했다. 이것도 아마 세계에서 유일하겠지만 헌법 제25조에서 이렇게 규정했다.

'국가는 한 자녀 정책(계획생육)을 추진한다.'

그 대신에 그들의 유일무이한 '보배'(귀염둥이)들을 원한다면 모두 대학에 입학시켜주겠다고 약속했다. 물론 나라의 경제발전에 대학 교육이 반드시 필요하다고 판단한 것도 있다. 여하튼 이때부터 중국 전역에 대학교가 우후죽순처럼 신설되었다.

톈안먼 사건이 일어난 1989년, 중국 대학교의 총 정원수는 약 40만 명으로 대학 진학률이 고작 9.31%였다. 진학 희망자에 대한 대학의 정원 비율을 나타내는 '녹취율'은 15%에 불과했다. 당시의 중국인에게 대학교는 좁은 문이었고 일부 엘리트에게만 허락된 길이었다.

　그로부터 1세대, 30년 남짓 지난 2021년은 모습이 크게 달라졌다. 대학 진학률은 54.7%까지 올라서 거의 두 명에 한 명 수준까지 왔다.

　녹취율도 92.89%까지 올랐다. 즉 대학 진학 희망자의 90% 이상이 입학했다는 뜻이다. 실제로 전국 3,012개 대학에 1,001만 명이나 되는 청년들이 입학했다.

　이렇게 해서 공산당 정권과 국민과의 '약속'은 이루어졌다. 하지만 공산당 정권이 국민에게 '약속'한 것은 대학 입학까지였다. 이제는 새로운 큰 문제가 생겼다. 그것은 대학 졸업 후의 '취업'이다.

　중국의 학제는 서양과 똑같이 9월 입학이라서 2022년 6월부터 7월에 걸쳐 1,076만 명이나 되는 청년들이 대학을 졸업했다. 또한 고등학교를 졸업한 후 대학에 진학하지 않고 사회로 나간 청년들의 수도 전년과 같다고 계산하면 355만 명으로 늘어났다.

　다 합해서 1,431만 명! 이는 도쿄도 전체 인구보다 더 많다.

　때마침 중국은 '코로나 불경기'의 한복판에 있었는데 거기에 우크라이나 위기의 영향도 더해졌다. 그 결과 8월의 청년층(16~24세) 실업률은 19.9%로 최고 수치를 기록했다.

　일본에서는 금세기 초 대학 졸업생의 취직이 어려워져서 '초빙하기'라는 말이 생겨났다. 이와 비교하면 현재 중국은 '초초초초빙하기'이다. '졸업은 곧 실업'[6]이라는 말이 유행어가 되었다. 오즈 야스지로 小津安二郎 감독의 영화 〈대학은 나왔지만〉과 같은 세계가 펼쳐졌다.

그렇게 되면 한때 공산당 정권에 대항하며 주먹을 치켜들던 '쥐시'를 부모로 둔 '주우허우95后'인 1995~1999년생이나 '링링허우00后'라고 하는 2000~2009년생인 청년들은 연일 길거리 데모 행진이라도 일으킬 것만 같다.

그러나 그런 광경은 중국 어디에서도 보이지 않는다. 그 이유는 당국의 단속이 엄격하다는 점도 있지만 '한 자녀'의 문제이기도 하다. '움직이면 힘을 쓰잖아요'라고 말하려는 듯이 취직자리를 찾지 못한 그들은 얌전히 집에서 스마트폰을 만지고 있다.

그런 그들에게 붙은 명칭이 '포시佛系'다. 수행승에게는 불경만 있으면 충분하듯이 '포시'에게는 스마트폰만 있으면 충분하다는 뜻이다.

'포시'인 청년들은 정말로 부처님처럼 마음씨가 좋다. '탕핑躺平'

항목에서 자세히 설명하겠지만 그들은 집에서 기르는 개나 고양이와 완전히 동화되었다. '꿰시'인 중국인의 집을 방문하면 사회환경의 변화로 부모와 자식의 기질이 이렇게까지 달라지나 싶다.

그러고 보니 일본에서도 이 세대를 '사토리 세대'라고 부른다. '포시'는 앞으로 어떤 깨달음을 얻을 것인가?

3. 나이가 몇인데 언제까지······.

간로족 啃老族 / 깨물 **간**, 늙을 **로**, 겨레 **족**
〔컨라오주〕
① 직역하면 '노인을 갉아먹는 사람들'이라는 뜻으로, 성년이 되어서도 경제적
능력과 자립심이 부족하여 부모에게 의지해 살려는 젊은이들을 지칭.
¶ 나는 컨라오주(啃老族) 3년 차이며 지금 원하는 것은 나와 같은 컨라오주 여
자친구다.
㊂㊤ 쥐잉(巨嬰), 차오메이주(草莓族), 니터주(尼特族, 니트족), 캥거루족

유행어는 기복이 있어서 일반적으로는 1~2년이 지나면 잊힌다. 이
는 일본이든 중국이든 마찬가지다.

그런데 몇 년이나 계속 유행어로 쓰여서 중국사회과학원 어언연구
소가 편찬한《현대한어사전現代汉语词典(제6판, 2012년)》에 영광스럽게
도 수록된 유행어가 있다. 바로 다른 말로 하면 캥거루족인 '컨라오
주'다.

'컨啃'은 '갉아먹다', '라오老'는 '부모'를 의미한다. 즉 '컨라오주'는 '부모에게 기대어 사는 사람'으로 성인이 되어서도 자립하지 못하고 언제까지나 부모에게 의존하는 청년들을 나타낸다.

컨라오주가 중국에서 화제에 오른 것은 후진타오胡錦涛 정권 전기인 2005년의 일이다. 도심부에 아파트 건설 공사가 급증하고 시민이 내 집을 마련하기 시작한 시기다.

1980년대까지 중국이라는 나라에는 민영기업이 존재하지 않았기 때문에 학교를 졸업하면 취직자리는 국가기관이나 국유기업 등의 '단위'였다. '실업자 0명'이 사회주의국가의 원칙이었기 때문에 모든 청년이 단위에 편성되었다. 그리고 기본적으로 결혼하면 '편팡分房'이라는 주택을 배분해주는 정책에 따라 사택이 제공되었다.

그러나 21세기에 들어서자 민영기업이 번성하며 민영기업으로의 취직이 일반화되기 시작했다. 그와 동시에 단위는 편팡을 중단했고 사람들은 아파트를 구입했다. 그러한 사회 배경 아래에서 그때까지 중국에 존재하지 않았던 컨라오주가 생겼다.

2005년 당시 컨라오주 전문가로 인기가 많아 매스컴에 여기저기 출연한 쓰촨四川이공학원법정학부의 샤젠화夏建华 부교수는 컨라오주를 다음의 6종류로 분류했다.

〈제1류: 전면 의존형〉 한 아이 세대로 부모의 애정을 한 몸에 받으며 자란 탓에 성인이 되어도 자립하려고 하는 의지가 부족한 청년들. 산

전수전을 겪은 사람들이 모여 있는 사회에 뛰어들 용기가 없어서 여전히 부모에게 의존한다.

〈제2류: 부분 의존형〉부모에게 전적으로 의존하거나 취직을 거부하는 것은 아니지만 현재로서는 부모의 집이 있다는 이유로 태평하게 생활하는 청년들.

〈제3류: 냉담형〉부모에게 반항하며 문을 걸어 잠근 자신의 방안에서 부모와는 다른 세계를 살고 있지만 그래도 부모에게 얹혀사는 유형.

〈제4류: 소극형〉대학 시절에 너무 많이 놀거나 바라던 직장에 취업하지 못해서 빈둥거리는 청년들.

〈제5류: 악의형〉직장에서 해고당해 아득바득 일하는 것에 싫증나서 차라리 부모에게 얹혀살려고 결심한 유형.

〈제6류: 가사형〉병에 걸려서 집에 있는 기간이 길어지는 동안 부모를 돌보거나 집안일을 하며 지내는 일에 익숙해진 청년들.

어쨌든 2005년 당시에는 사회에서 '이대로 컨라오주를 방치하면 중국 사회는 결국 큰일 난다'라는 점이 논의되었다.

하지만 좋든 나쁘든 대범했던 후진타오 정권은 특별히 정부로서 수단을 찾지 않았다. 경제는 점점 좋아지고 순풍에 돛단 듯이 성장했기에 컨라오주가 조금 있든 말든 사회 전체로는 충분히 흡수할 수 있었다. 여유가 있었다는 뜻이다.

그러나 그로부터 15여 년이 지난 2022년 여름, 중국 정부는 매우 당황하고 말았다.

코로나19 사태가 3년째에 돌입하고 시진핑習近平 총서기가 극단적인 '둥타이칭링动态清零'이라고 하는 제로 코로나 정책을 고집한 탓에 중국 경제가 곤경에 처했다. 2/4분기(4~6월)의 경제 성장률은 0.4%로 침체 상태였고, 3월의 전국인민대표대회의 정부 활동 보고에서 리커창李克强 총리는 5.5% 전후의 성장 목표를 소리 높이 선언했지만 벌써 속도는 줄어든 상태였다.

특히 앞에서 말했듯이 7월 청년층(16~24세)의 실업률이 사상 최고치인 19.9%를 기록한 문제가 심각했다.

그러는 동안 정부가 수수방관한 것은 아니다. 기업과 학생의 연결을 지원하거나 고용을 늘린 기업의 세금을 우대하는 등의 대책을 마련했다. 대학원에 진학하는 범위를 넓히거나 '일대일로'라고도 하는 '이따이이루一带一路' 연안 국가에서의 취업까지 장려했다. 이따이이루는 중국이 구상하고 있는 신실크로드이다.

하지만 그런 조처는 어차피 미봉책이라서 중국 경제가 건전하게 발전하지 않으면 수많은 청년을 도저히 다 받아들일 수 없다.

그러한 상황에서 2022년에 컨라오주는 청년들의 주류를 차지한다고 해도 과언이 아닌 존재가 되었다. 2005년 처음 나타났을 때는 어른들이 기이한 시선으로 봤지만 이제는 '너도 컨라오주', '나도 컨라오주'인 형편이다.

중국 최대 포털사이트인 바이두百度의 '톄바贴吧'라고 하는, 우리

로 치면 인터넷 자유게시판에 있는 '컨라오주바(啃老族吧, 컨라오주 게시판)'에는 23.9만 건(2022년 9월)이나 되는 게시물이 있을 정도다. 컨라오주들 사이에서 날마다 사소한 의견을 주고받는다.

예를 들면 어느 날 신규 회원이 '나는 컨라오주 3년 차이며 지금 원하는 것은 나와 같은 컨라오주 여자친구다'라고 자기소개를 한다. 그러자 '컨라오주 커플은 무엇을 하며 지낼까?', '역시 핸드폰 모바일 게임이겠지?' 등의 논의가 진행된다. 다른 곳에서는 '이렇게나 큰 수박을 먹었다'라는 시시콜콜한 이야기가 한참이다.

이러한 컨라오주가 40~50대가 되면 중국 사회는 도대체 어떻게 될까? 부모가 없어도 그 유산만 있으면 괜찮을까? 참고로 2022년 현 기준 중국에 상속세는 존재하지 않지만 아마 앞으로는 도입될 것이다.

또한 최근 중국 사회에는 컨라오주에서 파생된 종족이 계속해서 등장하고 있다. 다음은 그들에게 붙은 이름을 살펴보겠다.

〈쥐잉巨嬰〉

'쥐巨'는 '거인', '거구'이며 '잉嬰'은 '영아', 즉 갓난아기다.

몸무게 5kg으로 태어난 거구의 아기를 말하는 것이 아니다. 성장해서 소년·소녀가 되어도, 결국 성인이 되어도 여전히 갓난아기와 같은 정신 연령을 지닌 청년들을 나타낸다.

나는 2008년부터 일주일에 한 번 메이지대학교에서 동아시아 국제관계론을 강의하면서 해마다 수천 명의 중국인 유학생을 만난다. 그중에서 최근 중국인 유학생의 경향 중 하나가 남녀 상관없이 조금 통통하고 어리광부리는 중국어를 사용하는 청년들이 늘어난 점이다.

100분의 수업이 끝난 후 그들이 질문하러 오는가 싶었는데 "교수님, 편의점 아이스크림은 뭐가 맛있어요?"라고 물어보는 식이다. '이게 말로만 듣던 쥐잉인가?' 하고 쓴웃음을 지었다.

〈차오메이주草莓族〉

영어로 하면 '스트로베리 제너레이션Strawberry Generation', 이 '딸기 세대'는 즉 겉모습은 아름답고 화려하지만 속은 싱거운(연약한) 청년들을 나타내는 유행어다.

역시 메이지대학교에서 센카쿠尖閣제도 문제를 강의했을 때의 일이다. 화려하게 차려입은 중국인 유학생 여성이 손을 들고 "댜오위다오(钓鱼岛, 센카쿠제도)는 중국 고유의 영토입니다!"라며 반론했다. 그래서 나는 "그럼 왜 중국의 고유 영토인지 모두에게 설명해 보세요"라고 재촉했다. 그랬더니 그녀는 "CCTV가 그렇게 보도했거든요?"라고 대답했다.

〈니터주(尼特族, 니트족)〉

'니터尼特'는 니트(NEET Not currently engaged in Education, Employment or Training, 일하지 않고 일할 의욕도 없는 청년)의 음역이다. '니터주'도 앞에서 설명한 상황에서 급증하고 있다.

나는 개인적으로 우수하고 한가한 중국 청년들이 일본에 계속 오기를 바란다. 고령화율 29.1%(2022년 9월)로 세계 최고의 고령화 사회인 일본에서 특히 지방은 인력이 부족해 도움이 필요한 곳이 많기 때문이다.

컨라오주들이여, 일본으로 오라!

4. 전용 소파까지 있습니다

당평 躺平 / 누울 **당**, 평평할 **평**
〔탕핑〕
① 일하지도 않고 집안에서 빈둥거리며 드러누워 스마트폰을 만지는 중국 청
　년들을 의미한다.
¶집에서 태평하게 '탕핑(躺平)' 생활을 하고 있다니까.
¶탕핑(躺平)은 일종의 생활 태도이다.
¶탕핑(躺平)은 더 나은 출발을 위한 것이다!
⑩ 네소베리족

탕핑의 한자를 일본어로 음독해서 굳이 고치면 도헤이가 된다.

　사실 일본에서는 '당躺'이 상용한자가 아니라서 의미를 알 수 없는 사람도 많을 것이다. 중국의 한 자전字典에서는 '몸을 지상 또는 기타의 물체 위에 눕힌다'라고 설명한다.

　참고로 오른쪽 '상尙'에서 '향向'의 뜻은 창문이다. 그 위의 두 점은 빛과 공기의 출입을 의미한다. 따라서 당躺은 볕이 잘 들고 통풍이

잘되는 방에서 누워 지내며 기분 좋은 상태를 나타낸다.

2021년 여름, 일본의 방송국은 탕핑이라는 중국의 유행어를 일역해서 멋지게 명명했다.

'네소베리족(寝そべり族, 드러눕기족)' 아무것도 하지 않고 편하게 누워 마음 편히 살려는 청년들을 의미한다.

매우 잘된 번역이 아닐 수 없다. 나는 와이드 쇼에서 탕핑을 해설하며 이 번역을 생각해낸 일본인에게 남몰래 경의를 느꼈다. 일하지도 않고 집안에서 빈둥거리며 드러누워 스마트폰을 만지는 중국의 청년들을 말한다.

잠시 다른 이야기를 하자면 내가 명명해서 일역이 정착된 중국 유행어도 있다.

2009년 11월 11일, 당시 나는 베이징에서 일본계 기업에 근무했는데 여름휴가에 젊은 중국인 사원들의 책상이 소란스러웠다. 가보니 그들은 알리바바가 그날만 온라인 통신판매 파격 세일을 한다고 하며 필사적으로 컴퓨터와 씨름했다.

"오늘은 '1' 4개가 일렬로 늘어선 날이잖아요. 그래서 '광군지에光棍节'라고 알리바바가 독신 청년들을 위해서 오늘 한정으로 최대 할인행사를 하는 거예요."

그들은 인터넷으로 계속해서 옷 등을 구입했다. 알리바바는 이날만 총 27개 상품을 할인해서 판매해 5,200만 위안(한화 약 98억. 1위안=189원 환산)이라는 엄청난 매출을 올렸다.

이것 참 재미있네! 그때 마침 중국의 인터넷 인구가 1억 명을 돌파했다는 것이 베이징에서 화제가 되었기에 나는 그 내용도 함께 묶어서 기사로 써서 일본에 보냈다.

그때 나는 광군지에를 뭐라고 번역할지 망설였다. 직역하면 '하나의 막대기(독신자)가 빛나는 날'이라서 나는 결국 '오히토리사마노히(お一人様の日, 솔로데이, 독신자분들의 날)'라고 이름을 붙였다. 그렇게 했더니 일본의 언론이 일제히 모방해서 '오히토리사마노히'가 정착되었다.

다만 그 알리바바는 2012년 세일부터 '독신 외에도 폭넓게 구입할 수 있게 올해부터 광군지에의 호칭을 중단하고 쌍스이(쌍십일절, 더블 일레븐)라고 부르겠습니다'라고 선언했다. 그런데 변경한 지 10년이 지난 지금도 일본의 언론은 '오히토리사마노히'라고 계속 불러서 내가 좀 난처하다.

이야기가 완전히 벗어나고 말았다. 탕핑의 이야기로 돌아가겠다.

2012년 초부터 이 말이 중국의 인터넷과 SNS에서 여기저기 보이기 시작했다. 당시 니는 이 말을 볼 때마다 에니메이션 〈게게게의 기타로〉(1965~1999년 연재된 일본의 국민 요괴 만화)가 머릿속에 떠올랐다.

원작의 주인공 게게게의 기타로는 만화가 미즈키 시게루(水木しげる, 1922~2015년)의 분신이다. 내 부모님의 고향인 규슈 지방의 방언으로 '먹고 자고 먹고 자기를 반복하는 생활'이라는 말이 있는데 젊을 때 미즈키 시게루는 고향인 돗토리현 사카이미나토에서 그야말로 탕핑이었다고 한다. 훗날 그런 게으른 자신의 모습을 반영시킨 소년으로 기타로 캐릭터를 고안한 것이다.

〈게게게의 기타로〉는 1965년부터 〈주간 소년 매거진〉에 연재되었다. 이 만화가 그토록 크게 인기를 얻은 이유는 요괴 캐릭터가 신기했기 때문이라는 점도 있지만 고도 경제 성장기의 경쟁지상주의 속에서 당시 일본 소년들이 기타로와 같이 뒹굴거리기를 좋아하는 네소베리족을 꿈꿨다는 사실도 컸을 것이다.

탕핑을 추구하는 중국 청년도 마찬가지다. 그들은 이른바 '중국판 게게게의 기타로'다.

한때 일본에서 일어난 현상이 시간차로 중국에서도 일어나는 것은 흔히 있는 일이다. 중국은 일본보다 수십 년 늦게 '풍요로운 사회'를 지향했기 때문이다.

중국 사회를 이해할 때 중국인을 세대별로 나눠서 생각하는 것이 중요하다.

중국은 1949년 건국한 이후 일본 이상으로 사회가 역동적으로 변화한 탓에 세대 간의 '차이'가 일본에 비할 바가 아니다. 일본과 중국을 쉽게 비교하면 다음과 같다.

먼저 일본의 '1960년 안보 세대'에 해당하는 것이 중국의 '기아 세대'다. 1958년에 마오쩌둥 주석이 주도해 시작한 대약진 운동은 집단 농장인 인민공사와 철강 증산 등을 무리하게 추진했다. 결국 대약진운동의 실패로 이듬해부터 3년 동안 약 4만 명이 굶어 죽는 사태에 빠졌다. 일본의 청년들이 정부에 맞서 주먹을 휘두르는 동안 중국의 청년들은 굶주림과 싸웠다.

일본에서는 '단카이 세대(1947~1949년에 태어난 베이비부머, 70~80년대 일본의 고도성장을 이끈 세대)'가 이어지지만 중국에서는 '문혁(문화대혁명) 세대'가 이어진다. 문화대혁명에서 후술하는 '홍웨이빙(红卫兵, 홍위병)'이 되어 마오쩌둥 주석을 열광적으로 신봉한 사람들이다.

나와 같은 일본의 '버블 세대(일본의 거품 경제 시기에 사회생활을 시작한 세대)'에 해당하는 것이 '톈안먼 세대'다. 19쪽의 '포시' 항목에서 설명했듯이 1989년 대규모 민주화 운동 톈안먼 사건으로 좌절한 세대다.

이어지는 '단카이 주니어 세대(1971~1974년에 태어난 일본의 2차 베이비부머)'에 해당하는 것이 '개혁 개방 세대'다. 철이 들었을 때부터 덩샤오핑이 주도한 개혁 개방 정책의 혜택을 누린 세대를 말한다.

그 후 일본에서는 불경기에 태어나고 자란 '초식계(초식동물처럼 온순하고 섬세하며 연애에 소극적인 사람)', '사토리 세대'라고 불리는 세대가 이어지는데 중국은 '한 자녀 세대'가 이어진다. 1980년대 이후에 태어나고 자란 중국인이다.

그들은 어른 6명(부모와 서로의 조부모)이 키운 '샤오황디'(小皇帝, 소황제)와 '샤오궁주(小公主, 소공주)'다. 신중국을 건국한 후 처음으로 사치스럽고 이기적인 세대가 나타났다.

하지만 같은 '한 자녀 세대'라도 전기의 1980년대생인 빠링허우80后, 1990년대생 주링허우90后와 후기의 2000년생 링링허우00后, 2010년대생 이링허우10后는 또 다르다.

명확하게 선을 그을 수 없지만 늦게 태어날수록 탕핑은 증가하는 경향에 있다.

이 원인에는 주로 두 가지가 있다. 첫째로 편안한 환경이다.

21세기에 들어온 후부터 일반적인 중국인은 내 집과 자가용을 소유하게 되었다. 그전까지 대부분의 중국인은 결코 편안하다고 할 수 없는 단위(단웨이, 직장)의 사택에 살았다. 그래서 전기의 수많은 한 자녀 세대는 '빈곤 시대'를 경험한 기억이 있다.

그러나 후기의 한 자녀 세대는 철이 들었을 때부터 신축 아파트에 살거나 부모가 자가용으로 학교에 등하교를 시켜줬다. 게다가 외동이니 부모의 애정과 자금을 듬뿍 누리며 자랐다. 그런 탓에 천성적으로 뭔가를 열정적으로 하고자 하는 의욕이 부족하다.

둘째는 취업 경쟁이 격렬해졌기 때문이다. 2012년부터 이듬해에 걸쳐서 후진타오 시대에서 시진핑 시대로 넘어오면서 중국은 경기의 관점에서 버블 시대에서 불경기 시대로 변화했다.

불경기인데 대학 졸업생은 해마다 약 40만 명씩 증가하고 있다. 역시 포시 항목에서 설명했는데 2022년 7월의 졸업생은 1,076만 명이며, 같은 달 청년층(16~24세)의 실업률은 코로나19 사태와 우크라이나 위기 등의 영향도 있어서 사상 최고인 19.9%에 달했다. 결국 필사적으로 취직 활동을 해도 제대로 된 직장을 찾지 못하는 것이다.

청년들의 관점에서 볼 때 취직하지 않으면 생활이 어려울까? 전혀 그렇지 않다. 부모님에게는 집과 자가용, 재산까지 있다. 격렬한 경쟁사회에 뛰어드는 것보다 탕핑을 누리는 편이 편하고 행복하다.

실제로 중국의 백화점에 가면 눕기 편한 탕핑용 소파가 대량으로 진열되어 있다. 스마트폰은 물론 편의점 과자류부터 중국인이 가장 좋아하는 귀이개까지 '탕핑의 친구'로는 부족함이 없다.

내 중국인 친구의 자녀 중에도 '탕핑'이 꽤 많다. 그들은 얌전하고 마음이 착하다는 특징이 있다. 옆에 드러누운 반려견이나 반려묘와 완전히 동화되어 있다.

요즘 일본에서는 '중국 위협론'이 팽배하지만 탕핑은 절대로 공격적인 인종이 아니다. 인민해방군에 입대해서 센카쿠제도를 빼앗자는 생각 따위는 하지 않고 오히려 대부분이 일본의 애니메이션이나 과자류 등을 좋아하는 친일파다.

　그런 의미에서 탕핑의 급증은 중국에서는 사회 문제가 되고 있어도 일본으로서는 불쾌함을 느끼지 않아도 되지 않을까?

5. 중국 MZ 세대들이 사용하는 암호

yyds 永远的神 / yong yuan de shen
① '영원한 신(永遠的神; yongyuandeshen)'의 병음 앞글자. 인물이나 물건, 특정
한 사회현상 모든 경우에 사용함. 대체로 존경심을 약간 과장해서 사용하는
표현이지만, 경우에 따라서 조롱과 풍자의 의미로 쓰기도 함.
¶겨울용 가을 바지, yyds!
¶시진핑, yyds!

yyds, xswl, nsdd, srds, whks, bdjw, yygq, yysy, ssfd, bhys, zqsg, djll,
zgrb, pycy, gbch······.

알파벳이 사이좋게 4글자씩 줄지어서 뭔가 암호 같다. 그도 그럴
것이 중국의 MZ 세대를 제외한 사람에게는 암호나 마찬가지다.

중국에서는 시진핑 정권이 발족한 2013년 무렵부터 스마트폰이
보급되기 시작했다. 당시 철이 들기 시작했던 아이는 약 10년이 지난

지금 고등학생이 되었다. '링링허우00后'라고 하는 2000년대생인 그들이야말로 '스마트폰 네이티브' 1세대라고 할 수 있다.

그런 그들에게 한자라는 글자는 답답해서 참을 수 없다. 선조들은 '왜 이렇게나 복잡한 형태를 띤 글자를 발명했을까?' 라며 분명히 악담을 퍼부을 것이다.

일본인의 관점에서 보면 현재 중국인들이 한자를 간체자로 바꿔서 쓰는 것에 이건 뭔가 싶어 놀랄 때가 있다. 예를 들면 開(열 개)는 門이 있는 것인데 간체자로 开는 무엇이란 말인가?

그런데 중국의 스마트폰 네이티브 세대에게는 간체자도 답답하게 느껴진다. 여하튼 중국어에서는 어떤 외래어라도 일일이 한자로 고쳐야 하기 때문이다.

Starbucks는 한국어라면 영어 발음 그대로 '스타벅스'라고 표기하면 되는데 중국어는 싱바커星巴克라고 변환한다. 현재 미국 대통령 이름 Biden은 바이덩拜登이 된다. 중국에서 패션 잡지나 자동차 카탈로그, 전기 제품 설명서 등을 보면 일본이라는 같은 한자 문화권에서 자란 나조차 낯선 한자의 나열에 속수무책이 되고 만다.

하지만 과연 스마트폰 네이티브 세대! 그들은 평소 웨이신(微信, WeChat)에서 대화할 때 자판을 치기 쉬운 영문자를 쓰기 시작했다. 게다가 한자 병음(알파벳으로 표기하는 발음 기호)의 첫 글자 하나만 이용하는 식으로 자판 수를 획기적으로 생략했다. 그 대표적인 단어 15개가 서두에 4글자씩 나열한 영문자다. 하나씩 살펴보겠다.

① yyds = yong yuan de shen(永远的神)

해석하면 '영원한 신'인데 신과는 전혀 관계가 없고 '끝내준다!', '쩐다!'라고 칭찬할 때 쓰는 말이다.

2022년 베이징 동계올림픽과 패럴림픽에서 중국인 선수가 각각 9개와 18개의 금메달을 차지했다. 연일 중국인 선수가 승리할 때마다 웨이신에서는 'yyds'라는 4글자가 난무했다.

② xswl = xiao si wo le(笑死我了)

직역하자면 '나는 웃겨 죽겠다'이다. 즉 '빵 터졌다!', '웃겨서 기절하다'라고 말하고 싶을 때 'xswl'라고 쓴다.

③ nsdd = ni shuo de dui(你说的对)

'네 말이 옳다'라는 뜻이다. 중국 MZ 세대들과 웨이신으로 대화하면 그들은 종종 'nsdd'라고 한다. 하지만 나는 상대방이 이 4글자를 보낼 때마다 내가 '설교하는 아저씨'처럼 느껴져서 기분이 복잡해진다.

④ srds = sui ran dan shi(虽然但是)

'虽然 A, 但是 B'는 중국어를 공부한 사람이라면 일겠지만 '비록 A이기는 하지만 B다'라는 구문이다. '虽然忙, 但是想见你(바쁘지만 보고 싶다)'. 이 말을 중국 MZ 세대들은 'srds想见你(어쨌거나 보고싶다)'라고 구문의 앞부분을 과감하게 생략해서 쓴다.

⑤ whks = wu hua ke shuo(无话可说)

이 말은 '할 말이 없다'라는 뜻으로 조금 자포자기하듯 내뱉는 말이다. '无话可说'라는 4글자도 쓸 기분이 안 들어서 'whks'라는 약자로 쓰는 마음도 이해하지 못하는 것은 아니지만······.

⑥ bdjw = bu dong jiu wen(不懂就问)

'모르면 물어봐'라는 뜻이다. 뭔가에 대한 설명을 쓴 후 'bdjw'라고 덧붙일 때가 많다.

⑦ yygq = yin yang guai qi(阴阳怪气)

중국어 사자성어인데 '영문을 모르겠다'는 뜻이 잘 맞아떨어진다. (yygq는 표정이나 태도가 이상하다는 뜻에서 비꼬는 의미를 갖고 있기도 하다. 오픈사전에서는 '말을 직접적으로 하지 않고 은은하게 비꼬아서 하는 것'이라고 나와 있으며 '말 참 이상하게 한다, 왜 비꼬냐'는 뜻으로 사용한다. – 역자) '他说

得真ta shuo de zhen yygq'(그가 하는 말은 전혀 모르겠다)와 같이 사용한다.

⑧ yysy = you yi shuo yi(有一说一)

'U1S1'이라고 쓰기도 한다. 뜻에 어울리게 번역하면 '솔직히 말해서', '사실대로 말하자면' 등이 있다. 〈2021 有一说一〉라는 인터넷 토크쇼에서 쓰여 인기를 얻었다.

⑨ ssfd = se se fa dou(瑟瑟发抖)

어려운 글자이지만 이것도 중국어 사자성어로 '부들부들 (떨다)'이라는 의미다. 요즘 MZ 세대들은 만화 주인공처럼 감정을 과장되게 표현하는 경우가 많은데 일본어 속어 '가쿠부루ガクブル', 즉 치아가 덜덜 떨리고 몸이 부들부들 떨린다는 표현을 'ssfd'라고 쓴다. (주로 두렵거나 좌절했을 때 사용하는 말이다. – 역자)

⑩ bhys = bu hao yi si(不好意思)

이것도 일상 회화에서 자주 쓰는 말로 '미안해'라는 뜻이다. '미안해'를 'ㅁㅇㅎ, mah'라고 줄여 쓰는 느낌이다.

⑪ zqsg = zhen qing shi gan(真情实感)

이 말도 사자성어로 '진정한 마음'이라는 의미다. 하지만 웨이신 등에서 쓰일 때는 '찐으로, 진심으로'라는 뜻에 가깝다.

⑫ djll = ding ji liu liang(顶级流量)

'딩지顶级'는 '최고의'라는 의미이며 '류량流量'은 원래 물이나 전기 등이 흐르는 양에서 스타와 관련된 이야기가 인터넷 등에서 흘러나오는 트래픽을 가리킨다. 줄여서 '딩류顶流'라고도 한다. 따라서 '최상위 트래픽(을 차지하는 스타)'이라는 뜻으로 '딩지밍싱顶级明星'이라고 하면 '톱스타'를 말한다.

⑬ zgrb = zuo ge ren ba(做个人吧)

가장 알맞게 번역하자면 '똑바로 해'라는 뜻이다. 내가 이 말로 선명하게 기억하는 기사가 있는데, 2021년 9월 중국 전역에서 공개된 국책 영화 〈창진호長津浩〉에 관한 내용이다.

일본어 제목은 〈1950 강철의 7중대〉이며 한국전쟁(1950~1953년)에서 중국 인민 의용군이 미국에 대항하여 북한을 돕는다는 '항미원조'를 내세워 용감하게 싸우는 모습을 그린 애국 스토리다. 이 영화는 중국 영화의 흥행 기록을 경신하며 큰 인기를 얻었다. 그러나 저명한 저널리스트 뤄창핑罗昌平이 '이런 일이 정말로 있었나?'라고 사실관계에 의문을 던졌다.

결국 그는 체포되었으며 2022년 5월 징역 7개월 형을 선고받고 전면 사죄해야 하는 지경에 처했다. 이때 중국을 대표하는 인터넷 미디어 〈왕이신원网易新闻〉의 기사 제목이 '뤄창핑, 똑바로 해!'였다. 그가 그렇게 발언한 것이 똑바로 행동한 것 같은데…….

⑭ pycy = peng yi cai yi(捧一踩一)

직역하면 '한쪽을 받들고 다른 한쪽을 밟는다'라는 말이다. 인터넷에서는 주로 어떤 스타를 칭찬하는 김에 다른 스타를 헐뜯는 행동 등에 흔히 쓰인다.

⑮ gbch = ge bi chao hua(隔壁超话)

'거비隔壁'는 '벽을 사이에 둔', '이웃하는'이라는 뜻이며 '차오화超
话'는 '엄청 궁금한 이야기'라는 뜻이다. 즉 '벽을 넘어가서라도 듣고
싶은 흥미진진한 이야기'라는 의미다.

이상 15단어에 관해 설명했는데 그 외에도 수두룩하다. 스마트폰
네이티브 세대가 중국어에 '혁명'을 일으켰다는 사실을 이해할 수 있
을 것이다.

그들은 머지않아 외국인과 자기소개할 때 'wszgr'이라고 할지 모른
다. 'wo shi zhong guo ren(我是中国人, 나는 중국인입니다)'의 줄임말 말
이다.

6. 중용과 비슷하지만 전혀 다른 삶

45도 인생 45度人生

〔45두런셩〕

① 경쟁사회에서 치열하게 사는 인생과, 모든 걸 포기하고 놀고먹는 인생 중간
의 불안정한 신세에 대한 자조적 표현. '치열하게 살아도 성공하기 어렵다.
포기하고 살자니 미래가 불안해서 뭔가는 해야한다'는 중국인들의 혼란스
러운 심리상태를 반영함.

¶우리 집은 온 가족이 '45 두런셩(45度人生)'이 될지 모르겠어…

일찍이 유교의 시조 공자(기원전 551~479년)는 이렇게 말했다.

"중용의 덕이 지극하구나"[7]

《논어》〈옹야〉편의 한 구절인데 이 '중용'이라는 말은 고대 중국인
의 마음에 묵직한 울림을 준 모양이다. 그래서 예법에 관한 기록을
정리한《예기》의 31편에 중용에 대한 항목이 들어갔다. 일설에는 공
자의 손자인 자사(기원전 483~420년경)가 그 작업을 했다고 한다.

또한 유교 문화가 꽃핀 송대(960~1279년)가 되자 중용은《예기》에서도 독립했다. 에도 시대의 일본에 많은 영향을 준 주자학의 시조 주희(1130~1200년)는 그때까지의《논어》,《맹자》에《대학》과《중용》을 합쳐서 '사서四書'로 만들었다. '중용'은 당시 국가공무원 시험인 과거 시험과목이 되기도 했다.

메이지 시대의 일본에서도 1887년에 창간된 종합월간지에 우여곡절을 거쳐《주오코론中央公論》이라는 이름이 붙었다. 이 또한 중용을 의식한 잡지명이 아니었을까?

일본어 사전인《고지엔広辞苑》에서는 중용에 대해 이렇게 설명한다.

'어느 쪽에도 치우치지 않고 늘 변함없는 것. 한쪽으로 기울지 않고 지나치거나 미치지 못함이 없는 것.[8] 공정한 길'

이렇게 일본과 중국을 불문하고 고대부터 현대에 이르기까지 '중용의 길'은 널리 존중받아 왔다.

그러면 다시 현대 중국의 청년으로 돌아가자. 그들이 놓인 상태를 나타내는 유행어에 '탕핑'이 있다는 사실은 앞에서 설명한 대로다.

고등학교나 대학교를 나와도 취직하지 못하거나 취직할 마음이 없고 편안한 집에서 뒹굴거리며 스마트폰을 한 손에 들고 드러누워 생활하는 청년들을 가리킨다. 일본에서는 '네소베리족'이라고 매우 잘 번역한 단어가 정착했다.

사실 탕핑에는 반대말이 존재한다. 바로 안으로 감긴다는 뜻의 '네이쥐안內卷'이다. 이 말도 요즘 중국에서는 탕핑과 비슷할 정도로 빈번하게 도마 위에 올라오는 유행어다.

'네이쥐안'이라는 말을 듣고 일본인인 내 머릿속에 떠오른 것은 나루토鳴門해협에서 일어나는 소용돌이다. 그 소용돌이와 같은 격렬한 중국사회의 물결에 이리저리 밀리는 청년들의 상태를 나타내는 말이 '네이쥐안'이다.

일본에서는 안타깝게도 아직 멋지게 번역한 말이 없다. 중국어에서는 '노력 인플레'[9]라는 말로 바꾼 기술을 봤다. 이것을 보고 나도 모르게 "방석 하나 주세요"라고 하고 싶어졌다.

앞의 항목에서도 설명했지만 요즘 중국의 취직 전선은 '초초초초 빙하기'다.

그렇게 되면 어느 직장에나 심각한 '소용돌이'가 생긴다. 즉 사소한 실수를 저지르기만 해도 상사가 "내일부터 안 나와도 돼!"라고 할지 모른다. 또는 주위에서 그런 말을 들은 동료를 본다. 일본의 회사 사회와 달리 중국의 직장에서는 상사의 갑질을 문제 삼는 일이 거의 없다.

그래서 청년들은 날마다 열심히 노력해도 마치 인플레이션처럼 더 큰 노력을 요구당한다. 그 결과 직장의 긴장감과 스트레스야말로 엄청 심하다. 그런 상태가 네이쥐안이다.

나는 '악착족'이라고 번역해 봤다.

늘 악착같이 일하는 것을 강요당하는 청년들—'탕핑'의 '네소베리족'만큼 훌륭한 번역이 아닌 것은 알지만 왠지 분위기는 이해되지 않는가?

여하튼 '탕핑'과 '네이쥐안'은 대극을 이루는 상태다. 예를 들자면 탕핑은 '수평'이고 네이쥐안은 '직립'이다. 직립은 실적 상승이나 출세와 같은 '위'를 노리며 악착같이 행동하는 이미지다.

이런 가운데 2022년 봄부터 여름에 걸쳐서 중국 청년들 사이에서 새로운 '움직임'이 일어났다. "나는 탕핑도 아니고 네이쥐안도 아닌 '중용의 길'을 가고 있다"—그런 말이 인터넷과 SNS에서 보이기 시작한 것이다.

그때부터 '45도 인생'이라는 새로운 유행어가 생겨났다. 기울기가 '0도'나 '90도'도 아니고 중용의 '45도'라는 뜻이다.

'45두런성'은 '샹시아취, 시아부라이, 쥐안부둥, 탕부핑上下去, 下不来, 卷不动, 躺不平'라는 한자 12자로 설명된다.

'올라가려고 해도 앞으로 나아가지 못하고 내려가려고 해도 떨어지지 않는다. 악착같아도 움직이지 않고 드러누워도 평평해질 수 없다'

'중용의 길'이라고 하면 듣기에는 좋지만 정말로 불편한 어중간한 상태. 그 길을 원해서 가는 것이 아니라 어디까지나 수동적으로 그러한 상태에 놓였다는 점이 중요하다.

'45두런성'이라는 유행어에는 청년들의 비애가 담겨 있다. '내 인생은 결국 이런 것인가'라며 반쯤 자포자기하는 마음이 포함되어 있다.

　'나는 착실하게 취직하고 싶은데 좀처럼 일자리를 찾을 수 없다. 찾더라도 앞에서 말했듯이 심하게 불합리한 취급을 받고 지쳐서 그만둔다. 그래서 집에서 지내는데 이 상태는 절대로 본의가 아니다……'

　내 중국인 친구 중에 중국 IT 대기업에 다니는 간부가 있다. 아내도 대형 국유상업은행의 간부다. 그들에게는 아들 한 명이 있는데 몇 년 전에 대학을 졸업했지만 친구와 웨이신으로 통화할 때마다 아들에 대해 푸념했다.

　"또 아들이 회사를 관뒀어. 집에서 태평하게 탕핑 생활을 하고 있다니까."

　그의 아들은 대학을 졸업한 후 아버지의 연줄로 전도유망한 신흥

IT 기업에 취직했다. 하지만 6개월도 채 안 되어 몸과 마음이 지쳐서 퇴사하고 말았다.

한동안 탕핑 생활을 한 후 대학 시절 선배가 설립한 스타트업 기업을 도왔지만 곧 선배의 방침을 따르지 못해 퇴사했다. 다시 탕핑 생활을 거쳐 대형 학원 체인에 취직했다. 그러나 2021년 8월 시진핑 정권이 내세운 사교육 금지령 때문에 회사가 망했다.

세 번째 탕핑 생활을 보내다 지역의 부동산 회사에 취직했다. 하지만 2021년 12월에는 중국 부동산업계 2위인 헝다恒大 그룹이 부분적인 채무불이행에 몰리는 등 전례 없는 부동산 불황이 덮쳤다.

그래서 아들의 월급도 계속 줄어들어 퇴사하고 다시 네 번째 탕핑 생활 후 근처 편의점에서 아르바이트를 시작했다. 그러나 또 오래 가지 못하고 그만두고 말았다……

나는 친구에게 "아들에게 뭐라고 충고했어?"라고 물어봤다. 그러자 이렇게 대답했다.

"내 좌우명은 '낙숫물이 댓돌을 뚫는다'[10] 는 말이야. 물방울이 언젠가는 돌에 구멍을 내듯이 작은 노력을 거듭하면 언젠가는 성공하게 되지. 또 내가 누구보다 존경하는 덩샤오핑 동지는 세 번이나 실각했지만 불굴의 정신으로 세 번 다 부활했어.

이런 이야기를 아들한테 했지만 마이동풍이야. '그게 어쨌는데요? 내 인생과 상관없어요'라며 반항하더라고."

나는 친구와 같은 세대라서 '낙숫물이 댓돌을 뚫는다'는 말이나 덩샤오핑의 일화는 이해할 수 있다. 한편 요즘 중국사회의 힘든 상황에 놓인 아들의 입장도 이해된다. 그래서 나도 모르게 말문이 막혔다.

얼마 전 이 친구와 다시 이야기했다. 이번에는 생각지 못한 불길한 말을 하는 게 아닌가!

"아들은 여전하지만 때마침 IT 불황의 영향을 받아서 내가 근무하는 회사도 실적이 뚝 떨어졌어. 나도 다음 이사회에서 해고될 것 같아. 은행도 정리해고 바람이 불어서 아내도 퇴직하기 직전이야.

우리 집은 곧 온 가족이 '45두런성'이 될지도 모르겠어……."

7. 잘 나가는 중국 여성들

백련화 白莲花 / 흰 **백**, 연꽃 **연**, 꽃 **화**
〔바이렌화〕
① 순진한 척 하면서 속임수와 계략을 꾸미는 아름답고 야심만만한 중국의 요
　즘 여성
¶그녀야말로 바이렌화(白莲花)라고 할 수 있지.
⊕ 뤼챠바오(绿茶婊)

'바이렌화' 또는 동의어인 '뤼차뱌오绿茶婊'는 둘 다 오늘날 중국의 젊
은 여성을 나타내는 인터넷이나 SNS의 유행어다.

직역하면 '흰 연꽃', '녹차녀'. 글쎄 무슨 뜻일까?

이 말에 대해 설명하기 전에 문제의 원점으로 돌아가 조금 이야기
하겠다.

"중국인 여성은 일본인 여성과 어떻게 달라?"

중국통으로 30년 넘게 일하고 있는 내가 자주 받는 질문이다. '중국의 인구는 14억 명이니까 단순히 2로 나누면 여성이 7억 명이야. 그렇게 많은 사람에 대해 알 리가 없잖아'—이게 본심이지만 중국통을 자처하는 체면상 그렇게 대답할 수는 없다. 그래서 중국인 친구 지인의 사소한 이야기를 하기도 한다.

지금으로부터 30여 년 전인 1990년대 초, 도쿄에 '중국인 배우자를 둔 남성들의 모임'이라는 단체가 있었다. 당시 일본에 유학하러 온 중국인 여성이나 베이징, 상하이 등에서 주재원 시절에 알게 된 중국인 여성과 결혼하는 일본인 남성이 조금씩 나타나기 시작했다.

그러다보니 비자 문제로 시작되어 언어와 식사, 생활 습관 등 중국인 여성과 결혼한 일본인 남성의 고민이 끊이지 않았다. 그 무렵에는 인터넷도 없었기 때문에 같은 고민이 있는 일본인 남성끼리 6개월에 한 번 정도 술집에 모여서 정보를 교환하게 되었다.

나는 당시 독신이었는데 여자친구가 중국인이라서 일단 자격이 있는 사람으로 간주되었다. 멤버는 30명 정도였는데 그 절반의 아내가 상하이 사람이었다. 게다가 아내와 나이 차가 많이 나는 남성도 꽤 많았다.

참가해보니 이 모임은 고민을 함께 나누기는커녕 중국인 아내와의 사랑 이야기를 공유하는 모임이었다. '내 아내는 얼굴도 예쁘고 몸매도 좋고……' 이런 식으로 남성들은 사랑하는 아내와의 커플 사진을 한 손에 들고 서로 자랑했다. 뭔가 흥이 깨져서 나는 다음부터 나가지 않았다.

그로부터 15년 정도 지나 우연히 베이징행 비행기에서 그 모임의 총무였던 남성이 옆자리에 앉았다. 내가 예전의 무례한 태도를 사과하자 그는 머리를 긁적이며 해명했다.

"그 모임은 진즉에 없어졌어요. 사실 회원의 80% 정도가 이혼했거든요…….

이렇게 말하는 저도 지금은 돌싱입니다. 역시 결혼은 일본인 여성과 하는게 좋아요"

베이징까지 4시간 정도 걸리는 기내에서 그는 멤버들의 '막장 이야기'를 털어놓았다. 요약하자면 대부분의 사례에서 일본인 남성은 중국인 여성에게 버림받았다.

15년 동안 중국은 기적의 경제 성장에 힘썼고 일본은 '잃어버린 20년'으로 경제가 침체되었다. 중국인 여성들은 '기회는 조국에 있다'라고 생각해서 남편이나 때로는 아이도 버리고 귀국했다고 한다.

"결국 돈이 떨어지니 인연도 끊어진 겁니다. 중국인 여성이 애교는 있지만 그 애교를 믿지 말라고 말해주고 싶군요."

그는 기내에서 맥주를 몇 캔이나 비우며 붉게 달아오른 얼굴로 혼자 끄덕였다.

그 후 나는 베이징 주재원이 되어 3년 동안 1천 명이 넘는 중국인 여성들과 명함을 교환했다. 중국은 일본과는 비교할 수 없는 남녀동권 사회라서 출산 전후의 몇 개월을 제외하면 남녀가 사회에서 동등하게 활약한다. 그렇기에 지인 중에 여성도 상당수에 달한다.

그중 특히 어떤 분야에서 뛰어난 재능을 꽃피운 여성들에게 철저하게 이야기를 듣고《베이징 여성 24인의 초상北京女性 24人の肖像》으로 전자 서적을 출간했다. 그 내용은 다음과 같다(나이는 당시).

① '중국의 여자 피카소'라고 일컫는 조소 예술가(43세) ② 쌍둥이 미인 만화가(22세) ③ 태극권 세계 챔피언(34세) ④ 베이징의 카리스마 미용사(26세) ⑤ 인기 있는 패션 디자이너(33세) ⑥ 한겨울에 태어난 피아니스트(27세) ⑦ 마오쩌둥에 심취한 실업가(48세) ⑧ 텔레비전 사회자, 프로덕션 사장(42세) ⑨ 슈퍼 가정부(40세) ⑩ 부친에게 물려받은 민완 변호사(35세) ⑪ 진주로 성공한 잡화점 경영자(26세) ⑫ 대형 노래주점 No.1 호스티스(23세) ⑬ 비서 4명을 부리는 만화잡지사 사장(45세) ⑭ 몽골족 슈퍼 모델(23세) ⑮ 월수입 75만 엔의 마사지사(23세) ⑯ 프랑스 계열 고급 호텔 매니저(26세) ⑰ 인기 와인바 경영자(26세) ⑱ 과거도 미래도 없는 고급 콜걸(?세) ⑲ 베이징올림픽에서 대활약한 스포츠 카메라맨(30세) ⑳ 전 톈안먼 사건 활동가인 저명한 번역가(47세) ㉑ 판다에게 푹 빠진 미인 그림책 작가(25세) ㉒ 동일본대지진을 취재한 국제 저널리스트(32세) ㉓ 일본 코스프레로 치장한 롤리타 여성(21세) ㉔ 일본에서 자란 경비회사 대표이사(29세)

경영자부터 예술가, 매춘부까지 망라했다. 각계의 일선에서 활약하는 중국인 여성에게 관심이 있는 사람은 한번 읽어보기를 바라는데 일단 강력하다는 말밖에는 할 말이 없다.

한번은 중국에서 통역을 담당한 나오키상 작가 와타나베 준이치渡
辺淳一 씨가 생전에 진지하게 말씀하셨다.

"베이징이나 상하이에서도 중국인 기자들이 내 이야기를 듣고 싶
다고 해서 계속 거절해도 호텔 방 앞에서 한밤중이든 새벽이든 잠복
하더군. 게다가 그 기자들이 거의 다 여성이었어.

중국인 여성은 참으로 기운차단 말이지. 다음에 다시 태어나면 꼭
중국인 여성과 연애해보고 싶다네."

그런 중국인 여성의 최신형이 '바이롄화' 또는 '뤼차뱌오'다. '주링
허우'인 1990년대 생이나 '링링허우'인 2000년대 생 여성들이다.

그녀들의 어머니는 내가 허다하게 만났던 강렬한 세대다. 철도도

뚫리지 않은 벽지에서 나오거나 빈곤함을 극복하고 도시로 올라온 여성도 많았다.

반대로 요즘 젊은 여성은 거의 다 외동딸이다. 게다가 부모에 더해 조부모라는 '6인의 부모'가 떠받들며 키운 샤오궁주(소공주)들이다.

다시 말해 어머니의 강력한 DNA에 '풍족한 생활을 누리며 자란다'는 새로운 느낌이 추가되었디. 비꿔 말하자면 그민큼 애교와 자기 주장이 강해졌다.

코로나19 사태로 지금은 중국에 갈 수 없기 때문에 '바이롄화', '뤼차뱌오'의 이미지는 이해할 수 있지만 실감이 나지 않았다. 그런데 얼마 전 뜻밖에도 도쿄에서 대면하게 되었다.

상하이에 사는 친구가 갑자기 연락해서는 "곧 스무 살이 되는 딸이 도쿄의 일본어 학교에 다니게 되었으니 잘 부탁해"라고 하는 게 아닌가. "식사 정도는 언제든지 대접할게"라고 대답했더니 며칠 후 그 딸이 메시지를 보내왔다. 나는 그녀가 다니는 일본어 학교 근처의 호텔 카페에서 저녁에 만나기로 했다.

상하이에서 고등학교를 졸업하고 그대로 도쿄로 왔다고 하는데 웃는 얼굴이 귀여웠다. 상하이에 있는 촌스러운 아빠와 조금도 닮지 않아서 '눈에 넣어도 아프지 않은 딸'은 이런 소녀를 말하는 거구나 싶기도 했다.

"그럼 저녁은 뭘 사줄까?" 사실 나는 그 호텔 근처에 있는 단골 서민식당을 생각했다.

하지만 그녀는 자신의 스마트폰을 보여주며 말했다. "오늘은 이 음식점에 가고 싶어요!"

놀랍게도 그 지역의 최고급 와규 샤브샤브집이었는데 1인당 예상 금액이 '1.5~2만 엔'이었다. 나는 잠시 스마트폰 화면과 귀여운 얼굴을 비교해 보다 지고 말았다. "그럼 거기로 가자……."

그녀는 엄청 잘 먹었다. 고기를 무려 4인분이나 추가해서 먹었다. 게다가 먹는 동안 스마트폰만 만지며 나와의 대화는 거의 없었다. 그리고 헤어질 때 이렇게 말했다.

"다음 달은 제 생일이에요. 그때 또 이 음식점에 오고 싶어요. 친구 불러도 돼요?"

그녀야말로 그림에 그린 듯한 '바이롄화', '뤼차뱌오'였다.

생각해보면 현재 중국에서는 결혼 적령기의 여성이 남성보다 약 3천만 명이나 적다. 즉 앞으로는 어떻게 될 것인가? 새로운 '롄'이나 '뤼차'를 상대해야 하는 중국 남성들의 어려움이 느껴지는 듯하다.

8. 중국판 미녀와 야수

저공백채 猪拱白菜 / 돼지 **저**, 팔짱낄 **공**, 흰 **백**, 나물 **채**
[주궁바이차이]
① 번역하면 '배추가 돼지에게 감사 인사를 받았다'라는 뜻으로, 미녀가 추남과
   결혼하는 일을 두고 중국인들 사이에서 우스갯소리처럼 하는 말
¶ 여하튼 아오이 유우의 결혼은 중국인에게도 '주궁바이차이(猪拱白菜)'의 광경
   이었다.
㊙ 아름다운 꽃 한송이가 소똥에 꽂히다, 쓰레기통에 장미

2019년 6월 5일, 일본의 만담 콤비 '난카이 캔디즈'의 야마사토 료타
(山里亮太, 당시 42세)와 인기 여배우 아오이 유우(蒼井優, 당시 33세)가
도내 호텔에서 결혼 기자회견을 열었다. 모인 보도진은 300명이 넘
었고 카메라는 50대 이상이었다. 일본 전체가 텔레비전 중계를 보느
라 꼼짝하지 못했다.

"정말 떨리고 긴장됩니다"—이렇게 첫 마디를 꺼낸 야마사토는 말

을 이어갔다.

"우리 두 사람이 어떻게 교제해서 결혼에 이르렀는지 세상 사람들은 정말로 이상해할 것입니다. 오늘도 아침부터 텔레비전에서 길거리에서 '어떻게 그런 놈이 아오이 유우와 결혼하는 거냐?'라는 반응만 모아서 방송했잖아요. 정말로 맞는 말이라고 생각했습니다."

기자회견장을 꽉 채운 보도진은 크게 웃었다. 실제로 언론은 '미녀와 야수 커플'이라고 떠들썩하게 써댔다.

하지만 당사자인 아오이 유우는 야마사토에 대해 아무렇지도 않게 말했다.

"함께 있으면 저를 지칠 정도로 많이 웃게 해주는 사람이에요. 또 타인에게 감동하는 것과 용서할 수 없는 부분이 같아요. 금전 감각이 비슷하고 냉장고 문을 제대로 닫는 것이 잘 맞았어요(웃음)."

나는 텔레비전으로 기자회견을 1시간 정도 봤는데 굳이 말하자면 아오이 유우가 행복한 분위기를 한껏 발산했다. 넥타이와 안경과 포켓 행커치프를 빨간색으로 맞춘 옆자리의 야마사토를 때때로 넋을 잃은 눈으로 바라보는 모습이 인상적이었다.

바다 건너 중국에서도 아오이 유우는 인기가 많다. 물론 '아오이 유우'가 아니라 한자를 중국어로 읽어서 '창징여우蒼井优'라고 한다.

이 '세기의 결혼'은 중국을 대표하는 인터넷 뉴스 사이트 '소후搜狐'에서도 그날 톱뉴스가 되었다. 헤드라인은 다음과 같았다.

'르번뉘싱창징여우쉬엔부지에훈!日本女星蒼井优宣布结婚! 웨이션머

여우중"하오바이차이베이주궁러"더간줴?为什么有种 "好白菜被猪拱了"
的感觉?

음, 제법 제목을 잘 붙였다고 감탄했다.

앞에서부터 살펴보겠다. '뉘싱女星'은 뉘싱밍싱女性明星의 약자로
'여성 스타'를 말한다. 그래서 전반 부분은 '일본의 여성 스타 아오이
유우가 결혼을 발표했다!'가 된다.

후반부의 '웨이션머为什么'는 '왜', '여우중有种'은 '일종의', 맨 끝의
'~더간줴`的感觉'는 '~와 같은 느낌'이라는 뜻이다.

문제는 따옴표로 에워싼 하오바이차이베이주궁러好白菜被猪拱了다.
'하오바이차이好白菜'는 '좋은(예쁜) 배추', '주猪'는 '돼지', 'A被BC了'
라는 구문은 'A가 B에게 C를 당했다'라는 의미로 '좋은 배추가 돼지
에게 궁拱을 당했다'.

'궁拱'이라는 한자가 가장 번역하기 어렵다. 한자 그대로 번역하면
'팔짱을 끼다'라는 뜻인데 현대 중국어에서는 이런 의미로 쓰이지 않
는다.

중국 시대극에서 흔히 손아랫사람이 손윗사람에게 경의를 나타낼
때 가슴 앞에서 양손을 모아 가볍게 머리를 숙인다. 그 손동작이 '궁
拱'이다.

나는 예전에 도쿄에서 어느 재계의 스모 후원자와 알고 지냈다. 그
분이 불러서 식사 모임 자리에 가면 늘 세키토리(스모 선수)를 동석시
켰다. 모임이 끝날 때 그 스모 후원자는 세키토리에게 봉투를 건네며

"이걸로 맛있는 거라도 먹어"라고 했다. 그러면 세키토리는 '궁拱'의 동작을 하며 "고맙습니다"라며 고개를 숙였다.

'궁拱'에는 '돼지가 코끝으로 땅을 헤집는다'라는 의미도 있는데 '좋은 배추가 돼지에게 감사 인사를 받았다'라고 번역하는 게 가장 잘 어울리는 듯하다.

이미 예상했겠지만 '배추'는 미녀, '돼지'는 추남을 비유하는 말이다. 일본에서 배추는 서민적인 채소라는 이미지가 있지만 중국인은 색과 모양에서 피부가 하얀 미녀를 떠올린다. '주궁바이차이(돼지가 배추에게 고마워한다)'라는 말이 최근 유행어다.

어쨌든 별로 품위 있는 말은 아니다. 하지만 중국어에는 유의어로 '아름다운 꽃 한 송이가 소똥에 꽂히다'[11]라고 하는 한층 더 품위 없는 표현도 있다. 일본어에서도 '쓰레기통에 장미'라는 말이 있으므로 그다지 이웃 나라에 대해서만 말한 것은 아니지만.

여하튼 아오이 유우의 결혼은 중국인에게도 '주궁바이차이'의 광경이었다.

그러나 내 경험에서 말하자면 '주궁바이차이'는 오히려 일본보다 중국 사회에 더 많은 듯하다. 아주 가까이에서 일어나 깜짝 놀란 적이 두 번이나 있었다.

베이징 주재원 시절에 내가 근무한 회사는 부사장(부총경리)인 나를 제외한 사원 모두 중국인이었다. 당시에는 호황을 누렸기 때문에 나는 총 150명 정도 면접을 보고 당시 20대이자 1980년대 생인 빠링허우 청년들을 연이어 채용했다.

그중 가장 우수한 사원 두 명이 있었다. 둘 다 여성이었는데 임의로 A씨, B씨라고 하겠다. 둘 다 내가 일본으로 귀국하자마자 퇴사했다고 들었다.

A씨는 베이징 출신으로 부모는 중국 공산당 간부였는데 아버지는 나도 아는 중요한 국가 프로젝트 책임자 중 한 명이었다. 도쿄에서 유학하고 명문 국립대학교 대학원을 수석으로 수료한 후 중국으로 돌아와 애니메이션과 관련된 일을 하고 싶어서 우리 회사에 들어왔다.

한편 B씨는 둥베이東北지방 출신으로 중국 명문대학교 일본어학부를 수석으로 졸업한 후 도쿄에서 가장 유명한 사립대학교 대학원에 유학해 미스 캠퍼스로 뽑혔다. 중국으로 돌아온 후 극히 소수의 엘리트에게만 주어지는 베이징 호적을 취득한 그녀 역시 문화산업에 관심이 있어서 우리 회사에 입사했다.

나는 날마다 이 두 사람과 같은 사무실에서 일하며 앞으로 그녀들의 남편이 될 사람은 공산당 엘리트 청년일까, 젊은 IT 부호일까 상상했다.

하지만 놀랍게도 둘 다 사내 결혼했다.

먼저 A씨가 선택한 사람은 일단 채용하기는 했지만 성격이 어둡고 일을 못해서 슬슬 해고하려고 한 청년이었다(실제로 얼마 안 있어 퇴사했다). 중국 벽지 출신에 키도 작고 등이 굽었으며 늘 낡고 거무스름한 똑같은 점퍼를 걸쳤다.

A씨가 내게 그와 결혼한다고 보고를 했을 때 무심코 책상을 치며 "왜?"라고 외치고 싶어졌다.

그런 마음을 꾹 참고 "축하해"라며 그를 선택한 이유를 물어봤다. 그러자 그녀는 이렇게 대답했다.

"첫째로 아이를 낳고 싶지 않아요. 둘째로 남편이 출세나 성공 등을 노리며 악착같이 사는 게 싫어요.

그런 점에서 그는 보시다시피 '욕망'이나 '야심'이 전혀 없잖아요. 그러니 평범한 생활을 보낼 수 있겠죠? 아이 부분에 대해서도 그 사람이 동의했어요."

왠지 알 것 같기도 하고 모를 것 같기도 하고…….

한편 B씨가 선택한 남성은 요령으로만 사는 인간이었다. 일을 땡

땡이치는 버릇을 고치지 못한 데다 취업 규칙에 위반되는 행위를 자주 저지르는 탓에 나는 본인에게 퇴사 권고를 내렸다(그도 얼마 안 있어 퇴사했다).

하물며 그녀보다 나이가 한참 많았고 중년의 돌싱남이었다. 도대체 어떤 점에 끌렸단 말인가?

"이쨌든 베이징 호적을 가진 베이징 사람이고 우리 엄마가 '가정을 우선으로 생각하는 남편이 될 것 같다'며 마음에 들어 하시더라고요…….

사실 지금까지 오랫동안 잘생긴 남성이랑 사귀었어요. 하지만 그런 사람은 결혼하면 바람을 피우잖아요. 그런 점에서 그 사람은 인기가 없어 보여서 바람을 피울 걱정도 없고요……"

정말 '네 맘대로 해!'라고 하고 싶다. 그러고 보니 그가 좋아하는 음식이 돼지고기 조림이고 그녀 고향의 명산물이 배추였다.

9. 중국을 포기하는 청년들

윤학 潤学 / 윤택할 **윤**, 배울 **학**

〔룬쉐〕

① 중국 청년들이 해외로 도망쳐서 공부한 뒤 더 잘되는 현상을 이르는 말

¶새로 선출된 총서기의 외동딸도 룬쉐(潤学)한 모양이야.

㈜ 도피유학

㈜ 쵄지아룬쉐(全家潤学), 룬저(潤者)

중국을 일당 지배하는 공산당은 일본의 정권 여당인 자민당의 약 86배나 되는 당원 수를 자랑한다(2021년 말). 나한테 "자민당이 지구라면 중국 공산당은 태양이야"라고 호언장담한 중국 정치가가 있었는데 확실히 당원 수가 곧 1억 명을 돌파하는 세계 최대의 정당이다.

2012년 11월 15일 그 정점인 총서기에 오른 사람이 바로 시진핑이다. 시진핑이 총서기로 선출된 제18회 중국 공산당 대회는 나도 베

이징의 인민대회당에서 취재했다.

시진핑 신임 총서기는 2주 후인 11월 29일 자신이 개장을 지도한 톈안먼 광장 동쪽의 국가박물관에 '톱 7(중앙정치국 당무위원)'을 대동하고 참관했다. 목적은 특별전 〈부흥의 길〉이었다. 그곳에는 1840년 아편전쟁에서 영국에게 패배하고 홍콩섬을 양도한 이후의 '굴욕의 100년'과 1949년 마오쩌둥 주석이 거느리는 공산당이 중국을 통일하고 금세기에 비약적인 경제 발전을 이루기까지의 '영광의 60년'이 전시되었다.

시진핑 신임 총서기는 공산당과 관련된 전시물로 에워싸인 방에서 톱 7의 6명을 똑바로 서서 움직이지 못하게 하고 소리 높여 선언했다.

"이제는 누구나 '중국의 꿈'에 대해 논합니다. 생각건대 중화민족의 위대한 부흥을 실현하는 것이 곧 중화민족의 근대 이후 가장 위대한 꿈입니다!"

이때부터 '중화민족의 위대한 부흥이라는 중국의 꿈 실현', 줄여서 '중국몽Chinese Dream'이 시진핑 체제의 정치 표어가 되었다.

그다음 달에 나는 베이징을 다시 방문해 베이징대학교 유학 시절의 친구 3명과 모여서 밥을 먹었다. 고급 관료 두 사람과 언론사 간부였다. 그때 새로 내세운 중국몽에 관해 묻자 한 사람이 이렇게 대답했다.

"중국몽이라는 표어는 매우 훌륭해. 다만 딱 하나 걱정이 있어. 그

건 아마 중국몽을 실현한 중국인부터 잇달아 해외로 떠날 것이라는 점이야."

모두 크게 웃었다. 하지만 듣고 보니 그 세 사람 다 겉으로는 미국을 비판했지만 자식들을 미국으로 유학시켰다. 내가 그 점을 지적하자 "새로 선출된 총서기의 외동딸(시밍쩌, 习明泽)도 현재 하버드대학교에 유학 중이라는데"라고 대답했다.

이 식사 때 화제에도 올랐는데 〈건국대업〉 사건'이 생각난다. 2009년 10월 1일 신중국 건국 60주년에 맞춰서 당시 후진타오 정권의 주선으로 〈건국대업〉이라는 국책 영화의 제작이 발표되었다. 1949년 건국에 이르기까지 고난의 중국 현대사를 장대한 스케일로 그려낸 대작으로 중국을 대표하는 배우 172명이 총 출연한다는 내용이었다.

그런데 얼마 후 인터넷에서 그 배우진의 대부분이 이미 외국 국적을 취득한 사실이 폭로되었다. '외국인이 연기하는데 뭐가 〈건국대업〉이냐'라는 것이었다. 그 모습을 〈중궈칭녠바오中国青年报〉는 이렇게 보도했다.

"국가의 성립을 기념하는 대형 영화 〈건국대업〉의 배우 리스트가 나돌아 사람들의 논쟁이 끊이지 않는다. 리스트에 오른 배우 대다수들에게는 공통점이 있는데 이는 외국 국적을 취득했다는 점이다. 배우 리스트에 이름이 오른 배우들 중에서 결국 9명만 영화 촬영에 참여했다. 그래도 그중 두 사람은 역시 (중국 국적을 버리고) 홍콩의 그린 카드를 취득했다. 아직 국적 논쟁은 격렬하다."

당시 나는 베이징에 살았는데 문화산업의 일본계 기업의 부총경리(부사장)를 맡은 관계로 중국 예능계 사람들과 어울렸다. 그중 '미스터 3'이라고 불리는 남성이 있었다. 진위는 알 수 없지만 '베이징에서 세 번째 부자'라는 뜻이었다고 하는데 사람들은 그를 '베이징 예능계의 귀족'이리며 두려워했다.

'미스터 3'과 함께 식사할 때 내가 〈건국대업〉 사건에 대해 이야기했더니 그는 쓴웃음을 지으며 말했다.

"그들이 외국 국적을 취득하는 건 당연합니다. 이렇게 말하는 나도 이미 홍콩의 그린 카드를 취득했거든요.

그 이유는 첫째로 외국 영화제 등을 1년 내내 돌아다녀야 하니 중국 국적이면 비자를 취득하는 게 귀찮아서 그래요. 둘째로 재산을 언제 공산당에게 빼앗길지 모르기 때문이지요."

나는 그 말이 옳다고 생각하며 들었다. 하지만 그 미스터 3도 시진핑 정권이 되자마자 체포되어 실각이 뉴스로 보도되었다. 경영하던 대회사도 강제적으로 몽땅 양도했으니 전 재산 몰수나 다름없었을 것이다.

그런 시진핑 체제가 발족한 지 10년이 지난 2022년, '룬쉐润学'라는 유행어가 생겨났다. '룬润'은 '윤택해지다'라는 뜻인데 또 다른 의미도 있다. 그것은 '룬润'의 중국어 병음에 해당하는 'run'이다. 이를 영어의 run과 발음이 유사해 '달리다', '도망치다'라는 뜻으로 쓴다.

　　즉 '해외로 도망쳐서 윤택해진다'에 '학습하다^学'을 붙여서 '룬쉐'라는 새로운 스타일이 생겨난 것이다. '룬쉐'하는 사람을 '룬저润者'라고 한다.

　　중국의 대학 입시는 가오카오高考 또는 일반대학입학 전국통일시험普通高等学校招生全国统一考试이라고 하는 한 번에 합격이 결정되는 시험이다. 2022년에는 6월 7～10일에 개최되었고 시험 시간표는 지역마다 미묘하게 다른데 수도 베이징의 경우에는 다음과 같았다.

　　7일 9～11시 30분이 어문(국어), 15～17시가 수학, 8일 15～17시가 영어(외국어)로 필수과목이다. 계속해서 선택과목으로 9일 8～9시 30분이 물리, 11～12시 30분이 사상 정치, 15시 30분～17시가 화학, 10일 8～9시 30분이 역사, 11～12시 30분이 생물, 15시 30분～17시가 지리다. 사상 정치란 공산당의 역사부터 현재 시진핑 사상까지를 가리킨다.

응시자 수는 사상 최다인 1,193만 명! 한 자녀 세대인 이 수험생의 부모들은 아들이나 딸을 어떻게든 대학에 진학시키려고 하는 경향이 있다.

하지만 앞에서 말했듯이 취직 전선은 초초초초빙하기다. 특히 시진핑 정권이 강행한 제로 코로나 정책의 영향이 컸다. 감염자 수가 얼마 되지 않아도 도시 전체를 봉쇄하는 탓에 각지에서 회사나 점포의 도산이 줄지었고 직장이 격감하고 말았다.

또한 가오카오를 응시한 1,193만 명도 매일 아침 시험장에서 PCR 검사를 받아야 했고 음성 증명이 나오지 않으면 교실에 들어갈 수 없었다. 그렇지 않아도 입시로 긴장했는데 매일 아침 PCR 검사까지 추가되어서 수험생에게는 악평으로 시끄러웠다.

그런 이유로 '차라리 해외로 나가자'라는 기운이 청년들 사이에서 높아져 룬쉐가 갑자기 유행했다. 유학 알선 업계는 중국에서 예외적으로 활기를 띠었다.

생각해보면 내가 베이징대학교에 유학했던 1990년대에도 졸업 후에 해외 대학원으로 유학하는 학생이 비일비재했다. 당시에는 첫 번째로 미국, 두 번째로 유럽, 세 번째로 일본이나 호주였다. 하지만 어디로 가든 희망으로 가슴 설레는 '유학'이었다.

실제로 그들 중에는 유학 후 귀국한 사람이 많았고 후진타오 시대에는 '하이구이파이(海龟派, 해외 유학파)'로 불리며 경제 발전의 원동력이 되었다. 중국에서 창업해 성공을 거둔 하이구이파이도 많았다.

그 후진타오 시대인 2010년에는 '루어관裸官'이 문제시되었다. 아무래도 의미 깊은 말인데 이는 자녀가 해외(주로 미국과 유럽)로 유학하고 시간을 두고 아내도 자녀 곁으로 가서 가족과 별거하는 간부를 뜻한다. 시진핑 시대인 2014년 말에는 부처장급 이상인 루어관을 3,200명 남짓 처분했다고 발표했다. 내 지인 몇 명도 관직에서 쫓겨났다.

그러나 지금은 일어나는 것은 더욱 소극적인 현상인 '도피성 유학'이다. '더는 이런 나라에서 살고 싶지 않으니까 유학을 핑계로 도망치자'라는 것이다.

실제로 코로나19 사태를 핑계 삼아 2022년 5월 10일 국가 이민관리국은 국민의 불요불급의 출국을 엄격하게 제한하는 방침을 내놓았다. 그렇게 되자 유학 외에 출국할 방법이 없어서 일가족이 유학처를 찾아서 도망치는 '췐지아룬쉐全家润学'가 유행하기 시작했다.

시진핑 총서기가 중국몽을 표어로 내건 지 딱 10년이 되었다. 측근 중 누군가가 '룬쉐'라는 유행어를 시진핑 총서기에게 알려주었을까? 아니, 총서기는 모를 것이다.

2장

제2의 마오쩌둥을
목표로 하는 시진핑

• 궁퉁푸위共同富裕: 다 함께 잘 살자고는 하지만······.

• 부왕추신不忘初心: 초심의 근본은 마오쩌둥

• 쉐챠가이学查改: 공산당원들의 새로운 '습관'

• 잔랑외교战狼外交: 미국식으로 말하면 람보

• 페이뤄시 촨타이佩洛西窜台: 역사에 '만약'이란 없다

• 쳰녠따지千年大计: 선전深圳, 상하이로 이어지는 국가급 프로젝트

• 바이웨이빙白卫兵: 과거에 홍위병이 있었다면 현재에는 백위병이 있다

10. 다함께 잘살자고는 하지만……

공동부유 共同富裕 / 한가지 **공**, 한가지 **동**, 부유할 **부**, 넉넉할 **유**
〔궁퉁푸위〕
① 국민 전체가 부유해지는 것, 서민의 물질생활과 정신생활이 함께 부유해지
는 것. 고소득자의 수입을 조절해 중소득자층을 확대하고 저소득자 수입을
증가시킨다.
¶공산당 대회에서 '3선' 연임에 성공한 후 시진핑 총서기는 궁퉁푸위(共同富裕)
를 계속 추진하겠다는 의향을 보였다.
㊥ '같이 잘살자', 부의 분배

2022년 10월 16일부터 22일까지 진행된 제20회 중국 공산당대회에
서 시진핑 총서기가 이례적인 '3선'에 성공했다.

중국 정치는 일당 지배하는 공산당대회가 열리는 5년 주기로 돌아
간다. 그리고 공산당대회의 메인 이벤트는 공산당원 9,671만 명(2021
년 말)의 최고 지도자인 총서기의 선출이다.

총서기의 임기에 당의 규정은 없지만 미국 대통령이 연임해서 '2

기 8년'인 것처럼 '2기 10년'이라는 것이 불문율이었다. 그래서 '혁명 3세대'인 장쩌민江澤民 총서기는 2002년 제16회 공산당대회에서 '혁명 4세대'인 후진타오 총서기에게 자리를 물려줬고, 후진타오 총서기는 2012년 제18회 공산당대회에서 '혁명 5세대'인 시진핑 총서기에게 서기직을 물려줬다.

그러나 현재 시진핑 총서기는 후계자인 '혁명 6세대'에게 길을 내주고 싶은 마음이 없어 보인다. 이웃 나라의 '맹우' 블라디미르 푸틴 대통령처럼 반영구 정권을 구축하고 싶어하는 모습이다.

그런 생각이 중국인 14억 명의 공통적인 의견이라면 다른 나라의 내정에 간섭할 생각은 없지만 3선 후 중국의 앞날이 우려된다. 하나부터 열까지 마오쩌둥 주석을 흉내 내는 시진핑 총서기를 막지 못하게 되는 일이 무섭다.

1921년 이후 중국 공산당사를 되돌아보면 시진핑 시대의 10년은 1935년부터 50년대 초에 걸친 초기 마오쩌둥 시대와 비슷하다. 당을 결성했을 당시 '가망이 전혀 없는 당원'에 지나지 않았던 마오쩌둥은 전란의 세상을 교묘하게 헤쳐 나와 공산당을 장악하고 국민당과의 내전에서 이겨 건국했다. 천하를 평정한 후에는 정적들을 진압해 당 내에서 반석의 지위를 굳건히 다졌다.

그와 마찬가지로 시진핑도 처음에는 '총서기가 될 가망이 전혀 없는 후보'에 불과했다. 그러나 장쩌민 그룹과 후진타오 그룹의 격렬한 권력 투쟁의 소산으로 어부지리처럼 최고 지도자 자리에 올랐다. 그로부터 10년 동안 당내에서 '마오쩌둥을 모방하는 권력 투쟁'을 해서 단단한 권력 기반을 구축했다.

2021년 7월 1일 중국 공산당은 창건 100주년을 맞았다. 이때 시진핑 총서기의 중요 담화 등을 들어보면 그의 생각은 매우 단순하다는 것을 느끼게 된다. 즉 '제1의 100년(1921년 7월~2021년 7월)'은 마오쩌둥 주석이 만들었으며 그 위대한 공적을 이은 '제2의 100년(2021년 7월~)'은 자신이 만들어 가겠다는 것이다.

어떤 모습인가 하니 '중화민족의 위대한 부흥이라는 중국의 꿈을 실현시킨다'이다. 다시 말해 아시아의 형태를 1840년 아편전쟁과 1894년 청일전쟁 전으로 되돌리겠다는 뜻이다.

마오쩌둥 주석은 1953년 12월 16일 당 중앙위원회의 '농업생산합작사 발전에 관한 결의'에서 '궁퉁푸위共同富裕'라는 개념을 제창했다.

"공업과 농업의 두 경제 부문 발전의 불규칙한 모순을 서서히 극복해갈 것이다. 또한 농민이 한 걸음씩 빈곤에서 완전히 벗어날 수 있는 상황을 만들어 다 같이 부유해지고 보편적으로 번영한 생활을 할 수 있게 한다"

이후 같은 달에만 〈런민르바오〉에 '궁퉁푸위'가 아홉 번이나 등장했다. 이 정책은 자신이 경애하는 소련의 이오시프 스탈린 서기장이 1930년대에 실시한 정책을 모방한 것이었다.

마오쩌둥 주석의 이 생각을 실행에 옮긴 것이 1958년 본격적으로 시작된 '대약진 운동'이다. 그해 마오쩌둥 주석은 집단 농장화(인민공사)와 급속한 공업화를 추진한다. '15년 이내에 영국의 철강 생산을 따라잡겠다'고 선언하고 무모한 철강 생산을 시작한 것이다.

'동풍이 서풍을 압도한다'고 용맹스럽게 시작했지만 중국 경제는 곧 파탄에 이르렀고 4천만 명이 굶어 죽는 3년 대기근이 일어났다. 그래도 마오쩌둥 주석은 1960년대에 들어서자 이번에는 '문화대혁명'을 일으켜서 중국 경제를 10년에 걸쳐서 정체에 빠뜨렸다—.

2021년 7월 1일 공산당 창건 100주년 기념식전을 화려하게 끝낸 시진핑 총서기는 한 달 반 후인 8월 17일에 중앙재경위원회 제10회 회의를 소집해서 중요 담화를 발표했다.

"제18회 중국 공산당대회(시진핑 총서기를 선출) 이후 국민 전체의 궁퉁푸위 실현은 한 단계씩 중요한 위치에 놓여졌다. 우리는 국민 전체의 궁퉁푸위 촉진을 국민이 바라는 행복의 역점으로 정한다.

궁퉁푸위란 국민 전체가 부유해지는 것이며 서민의 물질생활과 정신생활이 함께 부유해지는 것이다. 합법적인 수입을 보호하며 지나치게 높은 수입을 합리적으로 조절하여 수입이 높은 사람들과 기업이 사회에 더 많이 환원하도록 장려한다."

68년 만에 '궁퉁푸위' 시대의 막이 열렸다.

시진핑 정권은 '궁퉁푸위'를 '댜오가오쿼중정디调高扩中增底'라는 6글자로 집약했다. 즉 '고소득자의 수입을 조절해 중소득자층을 확대하고 저소득자의 수입을 증가시킨다'는 뜻이다.

이 느닷없이 나온 '궁퉁푸위' 선언에 고소득자층 사이에서 충격이 일었다. 특히 예능계 톱스타나 프로 축구선수, IT 부호들에게 타격이 컸다.

실제로 톱영화배우였던 우이판(吳亦凡, 크리스 우), 쇼팽 콩쿠르 우승자인 피아니스트 리윈디(李雲迪, 윤디 리), 1등 왕홍(인플루언서) 웨이야(薇娅) 등이 잇달아 물러났다. 축구선수의 연봉이 대폭으로 삭감되어 K리그의 중국판인 C리그는 붕괴 위기에 처했다.

거대 IT 기업 중 알리바바와 텐센트가 각각 1천억 위안(한화 약 19조 600억 원)이나 되는 '궁퉁푸위 자금'에 대한 투자를 신청했다.

더우인(抖音, TikTok)을 운영하는 기업 바이트댄스(즈졔탸오둥, 字節跳動)에서는 이 정책에 불복한다고 여겨지는 창업자 장이밍張一鳴 회장이 퇴임하는 일이 생겨났다. 가장 거부감을 보인 배차 애플리케이션 선도 기업인 디디(디디추싱, 滴滴出行)는 막 상장한 뉴욕 증권거래소에서 어쩔 수 없이 철수했고 결국 80억 2,600만 위안(한화 약 1조 5천억 원)이나 되는 벌금을 맞았다. 또한 거대 IT 기업에는 한결같이 내부에 강력한 공산당 조직이 만들어졌다.

참으로 염려되는 궁퉁푸위다. 제20회 공산당대회가 가까워지자 부유층 사이에서 비취를 가슴에 달고 기도를 드리는 행위가 은밀하게 유행했다. '비翡'는 '시진핑習이 아니다非', '취翠'는 '시진핑習이 죽는다卒(쓰러진다)'를 의미하는 말이라나?

하지만 공산당대회에서 3선 연임에 성공한 후 시진핑 총서기는 궁퉁푸위를 계속 추진하겠다는 의향을 보였다. 그렇게 되면 다음에는

'1958년의 재현'이 걱정된다.

내정에서는 앞에서 말한 '대약진 운동'이 대두할 가능성이 있다. 농정 개혁이 실시되는 동시에 알리바바나 텐센트 등은 사실상 국유 기업처럼 될지 모른다.

외교적으로는 (중국의 관점에서 보면 내정이지만) '아편전쟁과 청일전쟁 전의 상태로 되돌리는 작업'이 진행될 것이다. 먼저 아편전쟁에서 영국에게 홍콩섬을 양도한 홍콩의 '1국 2제도'를 환골탈태시킬 것이다. 또는 '그레이터 베이 에리어'(광둥성, 홍콩, 마카오의 일체화)를 추진한다는 명목하에 이들을 완전히 흡수하는 시기를 2047년에서 앞당기려고 할 수 있다.

그다음은 타이완이다. 시진핑 정권은 청일전쟁으로 타이완을 일본에 빼앗긴 일이 현재까지 통일하지 못한 원흉이라고 주장한다.

1958년 8월 마오쩌둥 주석은 타이완이 실효 지배하는 아모이 근해의 진먼다오金門島에 대한 포격을 명령했다. 약 15만 발이나 되는 포탄이 빗발치듯 날아와 진먼다오는 아비규환이 되었다.

결국 중국 인민해방군은 진먼다오를 탈환하지 못했다. 시진핑 정권은 '마오쩌둥의 유훈'인 타이완 통일을 이루기 위해서 이러한 타이완이 실효 지배하는 도서부부터 손을 댈 가능성이 있다. 그중에는 중국이 중국 타이완성의 일부라고 주장하는 센카쿠제도도 포함된다.

시진핑 총서기가 장기 집권을 노린다면 '군주 정치의 이상형'이라고 하는 '정관의 치'를 연출한 당나라 2대 황제 태종(이세민, 재위 626~649년)을 본보기로 삼기를 바란다. 그가 대단한 점은 황제에게 충고하는 관직인 간의대부를 두 명 두고 늘 귀가 아플 정도로 직언을 하게 했다는 점에 있었다. 요즘 식으로 말하자면 '듣는 힘'이다.

하지만 내가 약 200명의 역대 중국 황제 중에서 시진핑 주석이 가장 닮았다고 생각되는 사람은 유감스럽게도 당 태종이 아니라 청나라 5대 황제 옹정제다. 그는 청년 시절에 고생하고 '가망 없는 황제 후보'였는데 천하를 장악한 후에는 감찰 기관을 강화해서 간부(조정의 신하)들을 떨게 만들었다······.

옹정제가 어떤 최후를 맞이했는가. 시진핑 주석은 당 태종을 비롯해 역대 현명한 황제를 보고 배웠으면 한다.

11. 초심의 근본은 마오쩌둥

부망초심 不忘初心 / 아닐 **불**, 잊을 **망**, 처음 **초**, 마음 **심**

〔부왕추신〕

① 대략 '초심을 잊지 말자'라는 뜻의 어구. 백거이가 쓴 시구에서 기원한 말이다.

¶'부왕추신(不忘初心)'을 마음속에 깊이 새기고 계속해서 앞으로 나아갈 것이다.

¶부왕추신(不忘初心)해서 본래의 소원을 이루리라.

㉮ 물망초심(勿忘初心), 초심불망(初心不忘)

'초심을 잊지 말자'—초등학생 때 들어본 사람도 있을지 모른다. 그 원어가 '부왕추신不忘初心'이다.

　그러나 중국에서 지금 '초심을 잊지 말자'라고 하는 사람은 초등학교 선생님이 아니다. 당원 수 9,671만 명(2021년 말)이라는 세계 최대의 정당 중국 공산당의 최고 지도자로 군림하는 시진핑 총서기다.

　'부왕추신'이라는 말은 당나라의 대시인 백거이(白居易, 772~846

년)가 노년에 지은 산문 〈화미륵상생탱기畫彌勒上生幀記〉에서 처음 나타난 표현이다. 834년 백거이는 당시 65세로 벼슬살이하는 동안 짬을 내서 10년 전에 고향 근처인 지금의 허난성河南省 뤄양洛阳에 구입한 집에 돌아갔다. 뤄양은 역사상 13왕조의 수도였던 중국에서 손꼽히는 고도다.

산문은 '나는 미륵의 제자나'라는 고백으로 시작해 '이제는 노병의 몸이지만 여기에서 다시 한 번 증명하겠다. 초심을 잊지 않고 반드시 본래 소원을 이루리라'라며 심경을 토로한다. 절정 부분을 원어로 쓰면 '소이표불망초심所以表不忘初心, 이필과본원야而必果本願也'다.

백거이는 현종 황제와 양귀비의 서른네 살이나 차이 나는 세기의 사랑에 대해 노래한《장한가長恨歌》로 유명하다. 헤이안시대에 쓴《겐지모노가타리源氏物語》나《마쿠라소시枕草子》 등에도《장한가》의 내용이 인용되었을 정도다. 다른 시나 산문 등도 뛰어나며 허심탄회한 성격이 드러난다.

나는 이전에 중국 불교의 3대 석굴 중 하나인 뤄양에 있는 롱먼龙门 석굴 근처에 있는 백거이의 마지막 집터를 방문한 적이 있다. '부패한 벼슬살이는 이제 지긋지긋하다'라며 당의 수도 장안, 즉 현재의 시안西安에서의 관료 생활에 강렬한 원망이 섞인 노래를 써서 남긴 것이 인상적이었다.

'부왕추신'을 포함한 〈화미륵상생탱기〉도 그런 노년의 경지를 노래한 산문이다. 아무튼 완전히 개인적인 생각을 말한 것임은 확실하다.

이런 원전이 있는 '부왕추신'을 2016년 7월 1일 시진핑 총서기가 갑자기 외쳤다. 이날 오전 베이징 인민대회당에서 중국 공산당 창건 95주년 기념식전이 열렸다. 그 이벤트에서 시진핑 총서기가 여느 때처럼 긴 중요 담화를 발표했는데 그중 이렇게 말했다.

"우리 당(공산당)이 집결해서 이끌어온 중국 인민의 끊임없는 분투는 빛나는 과정, 다시 위대한 공헌과 역사의 계시를 전면적으로 총괄한다. 우리는 '부왕추신'을 마음속에 깊이 새기고 계속해서 앞으로 나아갈 것이다."

이날부터 '전당전군전민', 즉 모든 공산당원과 인민해방군 병사와 국민에게 '부왕추신 캠페인'이 전개되었다. 정확하게는 '부왕추신, 라오지스밍牢记使命'(초심을 잊지 말고 사명을 마음에 깊이 새긴다)라는 8글자가 표어다.

이 캠페인은 그 후에도 계속되어 5년 후인 2021년 7월 1일에 거행된 중국 공산당 창건 100주년 기념식전에서도 시진핑 총서기는 이 표어를 강조했다. 아마 시진핑 체제가 이어지는 한 계속 외치지 않을까 싶다.

그럼 시진핑 총서기에게 '초심'이란 무엇을 의미할까?

앞에서도 잠깐 설명했지만 시진핑이라는 정치가는 신중국 '건국의 아버지' 마오쩌둥 주석을 숭배한다. 나는 전에 시진핑 총서기의 측근에게서 이런 이야기를 들은 적이 있다.

"시진핑 총서기가 마오쩌둥 주석을 숭배하는 모습이 심상치 않아.

늘 '마오쩌둥 주석이라면 어떻게 할까?'라고 자문하며 행동한다니까. 중요한 정치 결단을 내리기 전에는 마오쩌둥 연고지를 시찰할 정도야.

중국에서는 환갑을 인생의 한 단락으로 생각해. 마오쩌둥 주석보다 딱 60년 후에 태어난 시진핑 총서기는 어쩌면 자신을 마오쩌둥 주석이 환생했다고 생각하는 게 아닐까 싶어."

시진핑 총서기는 1953년 6월 15일 부총리까지 역임한 시중쉰習仲勛과 두 번째 아내 치신齐心 사이에서 차남(전처와의 사이에서 장남이 존재)으로 베이징 허핑리和平里의 간부용 주택에서 태어났다. 특권 계급 출신이지만 1962년 부친이 권력 투쟁에서 패배하고 한때 실각한 적도 있어서 6년 9개월이나 산시성陝西省의 한촌 량자허粱家河에 '즈칭知青'(지식 청년의 농촌 노동)으로 보내졌다. 나이로 말하자면 15세에서 22세까지 가장 감정이 풍부한 청춘 시절이다.

나는 시진핑 총서기의 어릴 적 친구에게도 이런 이야기를 들은 적이 있다.

"즈칭 시절의 시진핑은 《마오쩌둥 어록》과 〈런민르바오〉만 읽으며 지냈어요. 량자허에서도 그런 학습 모임이 자주 열렸죠. 그래서 완전히 마오쩌둥 사상에 세뇌당했습니다.

게다가 절대로 표정을 겉으로 드러내지 않는 인간이 되었어요. 표정을 드러내면 주위 사람들에게 이용당할 수 있기 때문이에요.

베이징으로 돌아간 후에도 '마오쩌둥 주석과 같은 위대한 사람이

되고 싶다'고 계속 생각한 듯 해요. 그래서 1992년에 태어난 외동딸에게 '밝은 마오쩌둥'처럼 자라기를 바라며 '밍쩌明澤'라는 이름을 붙일 정도로요."

시진핑 총서기의 공식 연설은 모두 〈중요 담화〉라고 불리며 공산당원은 손으로 직접 받아 적어야 한다. 나는 중국 공산당원이 아니라서 받아 적지는 않지만 일 때문에 날마다 읽는다.

그러면서 깨달은 특징이 《마오쩌둥 어록》에서 인용한 구절이 몹시 많다는 점이다. 서두에서 소개한 백거이의 산문 인용 등은 예외적이고 '언제 어디서나 마오쩌둥 어록'이라는 느낌이다.

전임 후진타오 총서기의 연설에서는 《마오쩌둥 어록》이 거의 나오지 않았다. 오히려 덩샤오핑이 주장한 '개혁 개방' 등 실용적인 말을 많이 사용했다. 그 전임인 장쩌민 총서기도 마찬가지였다.

이제 이해하겠는가? 시진핑 총서기가 말하는 '초심을 잊지 말자' 란 '마오쩌둥 주석과 그 시대를 잊지 말자'라는 의미다.

'마오쩌둥 시대'가 언제부터를 가리키는지 논의가 갈린다. 마오쩌 둥은 1893년 후난성湖南省에서 태어나 1976년 공산당 주석에 취임한 이후 82세의 나이로 서거했는데, 중국을 통일한 시점은 1949년부터 공산당 내부에서 실권을 장악했다는 때는 1935년 쭌이遵义회의부터 다.

하지만 아마 시진핑 총서기의 뇌리에서는 '마오쩌둥 시대'가 '1921년 7월부터 1976년 9월까지'인 듯하다. 즉 중국 공산당이 탄생 한 후부터 마오쩌둥 주석이 서거할 때까지다.

중국 공산당의 결당대회는 1921년 7월 멤버 13명이 상하이 대표 리한쥔李汉俊의 집에 모여서 열렸다. 도중에 관헌이 들이닥쳐서 도망 쳤고 저장성浙江省 자싱嘉兴의 난후南湖에 떠 있는 배 위에서 결당을 선언했다. 그때 창사长沙 대표 마오쩌둥은 결당 멤버이기는 했지만 주인공은 아니었다.

중국 공산당 내에서 마오쩌둥이 권력을 장악한 시기는 국민당군에 게 쫓겨 도주하던 중(중국 공산당은 이를 장정长征이라고 부르며 칭송했다) 인 1935년 1월 구이저우성贵州省 쭌이에서 개최한 앞서 소개한 쭌이 회의부터였다. 하지만 시진핑 총서기에게는 결당한 초기부터 '마오 쩌둥 시대'이므로 거듭 말하지만 '초심을 잊지 말자'란 '마오쩌둥 시대를 잊지 말자'라는 의미다. 바꿔 말하자면 위대한 건국의 아버지의 후계자(시진핑 총서기)도 존경하라고 독려하는 것으로 해석할 수 있다.

실제로 시진핑 총서기는 공산당의 역사를 '제1의 100년(1921년 7월~2021년 7월)'과 '제2의 100년(2021년 7월~)'으로 구별한다. 전자가 마오쩌둥 시대이고 후자가 시진핑 시대라는 뜻이다.

그렇다고 한다면 초심에 따라 마오쩌둥 시대의 부정적인 유산―4천만 명이 굶어 죽은 대약진 운동과 10년 동안 경제를 마비시킨 문화대혁명 등―도 앞으로 재현될까?

부왕추신을 처음 외친 백거이는 풀잎 그늘에서 무슨 생각을 했을까?

12. 공산당원들의 새로운 '습관'

학사개 学査改 / 배울 **학**, 조사할 **사**, 고칠 **개**
〔쉐챠가이〕
① '배우고 조사해서 개선하자'라는 뜻의 단어. 배우는 대상은 시진핑
¶제20회 공산당대회를 7개월 앞둔 2022년 3월 새로 시작된 것이 '쉐챠가이(学査改)' 운동이었다.
ⓤ 량쉐이쭈어(两学一做)

'학습學習'이라는 말은 공자(기원전 551~479년)와 제자들의 언행록인 《논어》의 〈학이學而〉편에 나오는 '배우고 때때로 익히면 또한 기쁘지 아니한가?'[12]에서 왔다. 그 후 중국과 일본에서도 학습은 교육과 똑같이 중시되었다.

그러나 현재 중국에서는 '학습'에 또 다른 의미가 있다. 이것을 알면 당신도 '시진핑 마스터'이다. 그렇다. '시진핑习近平을 배운다學'라

는 말이다.

14억 명이 넘는 중국인은 전통적인 유교 정신에 더해 '시진핑 새 시대 중국의 특색 있는 사회주의 사상'을 배워야 한다.

'시진핑을 배운다'란 구체적으로 무슨 뜻일까? 시진핑 총서기가 직접 이런 말을 외치기 시작한 것은 2016년 2월부터였다. 예를 들면 같은 해 4월 25일 시찰하던 안후이성安徽省에서 그 지역 간부들을 앞에 두고 이렇게 명령했다.

"우리에게는 자기 내면의 혁명이 필요하다. '량쉐이쭤兩学一做'(당헌 당규와 시진핑 중요 담화를 익혀서 자격 있는 당원이 된다) 교육은 올해 중국 공산당의 일대 사업이다. 이를 모든 당원이 반드시 관철해야 한다!"

이렇게 해서 '량쉐이쭤어' 운동이 시작되었다. 곧바로 당시 8,875만 명 모든 중국 공산당원에게 《중국 공산당 당내 중요 법규(2016년 판)》(국가행정학원 정치학부 편)과 《시진핑 총서기 계열 중요 담화 독본(2016년 판)》(중국 공산당 중앙선전부 편)이 배포되었다.

'배포되었다'라고 하면 통 크게 무상 제공된 것처럼 느껴지는데 실태는 조금 다르다. 중국 공산당은 당원 기본 급여의 0.5%~2%(급여 수준에 따라 4단계)를 당비로 징수하고 그 돈으로 처리했기 때문이다. 이러한 이유에서 시진핑 총서기는 중국 최대의 베스트셀러 작가다.

한때 《마오쩌둥 어록》 등으로 막대한 인세를 얻은 마오쩌둥 주석과 똑같다. 중국 전역의 서점에서는 시진핑 총서기의 저서를 입구 근처의 가장 잘 보이는 장소에 두도록 지도를 받는다.

참고로 2022년에도 중국 최대의 베스트셀러 작가는 '신작'을 연발했다. 《세계경제포럼(다보스 회의) 온라인 회의 강연(2월)》, 《베이징 동계올림픽·패럴림픽 총괄 표창대회에서의 담화(4월)》, 《시진핑 외교 강연집(1권, 2권, 5월)》, 《손을 잡고 도전에 맞서다─보아오 아시아 포럼 2022년 연차총회 개막식 기조 강연(5월)》, 《중국 공산주의 청년단 성립 100주년 경축대회에서의 담화(5월)》, 《홍콩 조국 반환 25주년 경축대회, 홍콩 특별행정구 제6기 정부 취업식전에서의 담화(7월)》, 《시진핑 강군사상 학습 문답(8월)》, 《시진핑 국정운영을 말하다(4권, 9월)》, 《시진핑의 인권 존중과 보장에 관한 논술 적요(9월)》, 《시진핑 생태 문명 사상 학습 요강(9월)》, 《시진핑의 사회주의 정신 문명 건설에 관한 논술 선집(9월)》……

여하튼 2016년부터 시진핑 총서기의 중요 담화 등을 베껴 쓰는 '필사 운동'이 시작되었다.

컴퓨터상이라면 쉽게 복사해서 붙일 수 있기 때문에 옛날식으로 직접 쓰기를 강요한 것이다. 각 당원은 날마다 중요 담화의 어느 부분을 베껴 썼는지 공산당 상부에 보고해야 한다. 남에게 돈을 주고 대필하는 것을 방지하기 위해 필적 확인까지 했다.

또한 이러한 베껴 쓰기로 자신이 이해한 시진핑 총서기의 위대함 등을 서술하는 '학습회의'도 관공청이나 국유기업에서 시작되었다. 여기에는 자신의 행동을 반성하는 '자기비판'도 포함된다.

예를 들면 내 친구가 근무하는 베이징 국유기업에서는 매주 금요일 오후를 학습회의 시간으로 사용했다.

"그런 '학습'을 하면 원래 하던 일은 어떻게 되는 거야?"

나는 무심코 어리석은 질문을 하고 말았다.

"시진핑 총서기의 중요 담화를 학습하는 일보다 더 중요한 일은 없다!—공산당 간부라면 그렇게 대답할걸?"

친구는 한숨 섞인 목소리로 대답했다.

중국인은 인사 대신 종종 "츠러마?吃了吗?"(밥 먹었어?)라고 묻는 습관이 있다. 하지만 이 무렵부터 "챠오러마?抄了吗?"(다 베껴 썼어?)로 바뀌었다. 습관이란 무섭다.

그 외에도 온갖 방법을 써서 '학습 운동'이 일어났다. 이를테면

CCTV에서는 2018년 10월 8일부터 19일까지 12일 연속으로 골든 타임인 저녁 8시부터 〈핑平 '위语' 진런近人―시진핑 총서기용전〉이 방영되었다.

프로그램명을 시진핑의 이름 '진핑'에서 따와 〈평이한 말로 사람에게 다가가는 시진핑 총서기용어 사전〉으로 만든 것이다. 날마다 한마디씩 '시진핑 어록'을 들어서 그 훌륭한 의미 내용을 설명한다는 프로그램이다. 공산당원은 반드시 봐야 했는데 이 방송을 토대로 전국 403만 곳의 기반(말단) 당 조직에서 학습회의가 열렸다.

이러한 흐름으로 제20회 공산당대회를 7개월 앞둔 2022년 3월 새로 시작된 것이 '쉐챠가이学査改' 운동이었다. 중국 공산당 홈페이지에서는 이렇게 설명했다.

"시진핑 새 시대 중국의 특색 있는 사회주의 사상, 특히 시진핑 경제 사상의 깊은 학습을 관철하기 위해 (각) 기관의 당이 세운 정치 지도와 정치에 따른 보장 역할을 충분히 발휘해서 시진핑 총서기의 중요 지시와 당 중앙이 결정한 경제 활동 정책의 수배 실행을 확정한다."

요점은 시진핑 총서기가 날마다 말한 중요 담화 등을 학습해서 그 위대함을 자세히 조사하고 담화에 맞춰서 자기 개선을 도모한다는 운동이다. 시진핑 정권이 고집한 '제로 코로나 정책'(둥타이칭링)을 계몽한다는 목적에도 이용되었다.

시진핑 총서기의 중요 담화 등이 일본인의 귀에는 익숙하지 않을 것이다. 예를 들어 2022년 4월 29일 당 중앙 정치국 제38회 집단학습회에서 실시한 중요 담화 중 감독 관리의 중요성에 관해 말한 한 구절을 소개하겠다.

"감독 관리 체제의 기관 제도 개혁을 심화해 법에 따른 감독 관리, 공정한 감독 관리, 시작 부분의 감독 관리, 정밀한 감독 관리, 과학적인 감독 관리를 굳게 유지한다. 감독 관리 책임을 전면적으로 실행해서 감독 관리 방식의 혁신을 일으키고 감독 관리가 이뤄지지 않는 점을 보수해서 자본의 감독 관리 능력과 감독 관리 시스템의 현대화 수준을 끌어올린다.

법률 법규가 분명하지 않은 경우에는 '심사 비준하는 사람이 감독 관리하고 주관하는 사람이 감독 관리한다'라는 원칙에 비추어 감독 관리 책임을 확실히 시킨다. 현장에서의 감독 관리를 강화하고 지방은 현장의 감독 관리 책임을 전면적으로 실행해서 감독 관리를 구석구석까지 확보할 수 있도록 한다.

업계의 통제와 종합적인 통제의 분업 협작 기구 제도를 강화하여 업계의 감독 관리와 금융 감독 관리, 외국자본 감독 관리, 경쟁 감독 관리, 안전 감독 관리 등 종합적인 감독 관리의 협조 운동을 강화한다……"

끝까지 진지하게 읽고 '감독 관리'가 몇 번이나 나왔는지 세어보았다면 당신에게는 멋진 중국 공산당원이 될 자격이 있다고 할 수 있다 (답은 23번).

최근에는 "챠오러마?"라는 인사도 사라졌다. 모두가 당연히 베껴 쓰기 때문이다.

나는 1995년 베이징대학교에 유학했을 때 국문학 교수에게 이런 말을 들었다.

"해방 후 마오쩌둥 주석은 '농민도 한자를 읽고 쓸 수 있게 10획 이내로 한자를 간략화하라'라고 지령을 내렸다. 이렇게 해서 간체자가 생겨났다.

그 후 한자의 간략화는 점점 진행되었고 '習'자마저도 '习'자로 간략화했다. 그러다 국문학자들이 '병아리가 둥지에서 두 날개를 치는 모습을 나타낸 한자인데 한쪽의 날개가 없으면 날갯짓을 할 수 없지 않은가'라고 이의를 제기했다. 결국 '習'자 때문에 한자의 간략화를 중단하게 되었다."

장기 정권을 노리는 시진핑 총서기는 날갯짓을 잘 할 수 있을까?

13. 미국식으로 말하면 람보

전랑외교 战狼外交 / 싸움 **전**, 이리 **랑**, 바깥 **외**, 사귈 **교**
〔잔랑외교〕
① 직역하면, 늑대 전사 외교. 중국의 공격적 외교 행보를 이르는 말
¶우리는 판다 외교를 하는 나라이지, 잔랑외교(战狼外交)를 하는 나라가 아
  니야.
¶이듬해 중국의 '잔랑 외교관(战狼 外交官)'은 일본에도 나타났다.
㊦ 주도적 외교, 고자세 외교

나는 30년쯤 전부터 중국 외교부(외무성)의 외교관들과 어울렸다.
도쿄 롯폰기의 중국대사관 영사부에는 송나라의 문장가 소식(蘇軾,
1037~1101년)의 대범한 시《수조가두水調歌頭》의 액자가 걸려 있었다.
타이완의 가수 덩리쥔(邓丽君, 테레사 탱 1953~1995년)이 이 시에 멋진
멜로디를 붙여서 노래하기도 했는데, 나는 여행 비자를 받으러 갈 때마
다 이 멜로디를 흥얼거렸다.

당시 영사부장은 늘 내 여권에 상하 반대 방향으로 비자를 찍어주기에 어느 날 이유를 물어봤다. 그러자 그는 입을 떡 벌리며 말했다. "어, 정말이네?"

비자를 찍는 방법 따위는 신경 쓰지 않았던 것이다. 그리고 이어 말했다.

"하지만 어떻게 찍혀도 유효하잖아요? 그런 걸 신경 쓰다니 당신은 역시 일본인이네요."

이번에는 내 입이 떡 벌어졌다.

이후 이 영사부장과 친해져서 점심을 함께 먹었다. 머지않아 정년 퇴직해서 중국으로 돌아간다며 후배 외교관을 소개해주기로 했다.

당시 중국 외교관들은 그 사람처럼 호탕하고 마음이 넓은 사람이 많았다. 우리는 호쾌하게 먹고 마시며 대화를 나눴다. 그들이 화내는 표정을 보이는 것은 내가 무심코 타이완을 칭찬하는 발언을 했을 때 뿐이었다. 1972년 중일 국교 정상화 때 판다 '캉캉'과 '란란'을 우에노 동물원에 선물한 것을 들며 "우리는 판다 외교를 하는 나라잖아"라고 입버릇처럼 말했다.

당시 중국 외교관들은 일본에 대한 '존중'의 마음을 갖고 있었다. 그것은 일본도 마찬가지라서 중일 국교 정상화 20주년에 해당하는 1992년 내각부 조사에서는 일본인 55.5%가 '중국에 친밀감을 느낀다(느끼는 편이다)'라고 대답했다. 이 해에 헤이세이 일황과 황후도 중국을 방문했다.

그러나 국교 정상화 40주년인 2012년이 전환점을 맞은 해가 된 듯하다. 9월에 노다 요시히코野田佳彦 민주당 정권이 센카쿠제도를 국유화하고 11월에 시진핑 부주석이 공산당 총서기에 취임한 해다.

후진타오 정권의 '조화로운 사회와 세계'[13]를 대신해서 '중화민족의 위대한 부흥'이라는 중국의 꿈 실현'(중국몽)을 표어로 내건 시진핑 정권은 오로지 '강국, 강군'의 길에 매진했다. 2004년부터 2007년까지 주일대사를 맡아서 친일 정책을 어필한 왕이王毅도 2013년 3월에 발족한 시진핑 정권에서 외교부장(외무장관)에 취임하자마자 마치 다른 사람처럼 강경한 발언을 반복했다.

어느 날 중국 외교관이 내게 말했다.

"시진핑 주석이 '양제츠杨洁篪 동지(중국 외교의 최고인 전 외교부장)는 이름 그대로 호랑이처럼 늠름한 외교를 한다. 중국의 외교관은 이래야 한다'라고 했답니다. 우리는 이제 판다가 아니라 호랑이가 되었습니다."

제19회 중국 공산당대회를 3개월 후에 앞둔 2017년 7월, 중국 전역에서 '국책 영화'라고도 할 수 있는 〈특수부대 전랑 II战狼II〉이 공개되었다. 이 영화는 공전의 히트를 기록하며 흥행 수입 56억 8,100만 위안(한화 약 1조 826억 원)의 중국 신기록을 세웠다.

내용은 한마디로 말하자면 '중국판 〈람보〉'다. 아프리카의 어느 나라에서 미국 CIA로 보이는 외부 조직에 선동당한 반정부 그룹이 정부 타도를 꾀한다. 궁지에 몰린 정부는 중국인 프리 보디가드 렁펑冷

鋒에게 도움을 구한다. 렁펑은 만능 활약을 펼치며 반정부 그룹을 섬
멸한다. 참으로 단순 명쾌한 권선징악 스토리다.

나도 공개되자마자 베이징 영화관에서 봤는데 넓은 영화관 내부는
청년들로 가득 찼다. 렁펑이 기관총을 '두두두두두두!' 쏘며 적을 쓰
러뜨릴 때마다 객석이 '우와!' 하며 흥분했다. 어쩐지 호전적이던 마
오쩌둥 시대로 돌아간 듯하다.

마지막은 렁펑이 반정부 그룹을 소탕하고 무슨 이유인지 '오성홍
기'(중국 국기)를 아프리카 대지에 꽂는다. 거기서 관객의 열광은 최고
조에 달했다. 중국의 청년들은 모두 만족스러운 표정이었고 나만 어
쩐지 꺼림칙한 마음으로 영화관을 뒤로 했다.

이 영화가 크게 히트한 후 '잔랑 정신'을 비롯해 강경하고 투지 있

게 행동하는 것을 의미하는 '잔랑○○'라는 말이 유행어가 되었다. 그 하나가 '잔랑 외교'다.

그중에서도 2020년 2월 24일 제31대 중국 외교부 대변인(보도관)으로 데뷔한 자오리젠趙立堅 외교부 신문사(보도국) 부사장은 그 과격한 발언에서 '잔랑 외교관', '잔랑 대변인'으로 불렸다. 마침 중국에서 신종 코로나바이러스가 만연한 시기였다.

이 잔랑 외교관의 이름을 일약 유명하게 한 것이 취임한 지 한 달도 되지 않은 3월 12일에 자신의 트위터에 올린 한마디였다. 신종 코로나바이러스를 '우한武汉 바이러스'라고 부르며 중국을 강력하게 비판한 도널드 트럼프 미국 대통령에 대한 반론이다.

"우한에서 일어난 신종 바이러스의 유행은 미군과 어떠한 관계가 있을지 모른다."

2019년 10월 우한에서 제8회 CISM 밀리터리 월드 게임(세계군인체육대회)이 열렸는데 여기에 참가한 미군이 신종 코로나바이러스의 발생원이었을 가능성이 있다는 발언이다. 중국의 일개 시민이 아니라 중국 정부를 대표하는 외교부 보도관이 한 말이라서 국제 문제가 되었다.

하지만 자오리젠 보도관은 발언을 취소하기는커녕 다음 날에도 태연하게 트윗을 올렸다. "이 기사(미국이 발생원이라고 지적한 기사)는 누구에게나 매우 중요하니 읽고 리트윗하기 바란다." 결국 트위터 본사에서 팩트 체크의 '경고 라벨'을 붙였다.

나는 날마다 중국 외교부 홈페이지에서 회견 내용을 보는데 그 후에도 이 잔랑 외교관의 '폭주'는 그치지 않았다. 예를 들면 다음은 같은 해 6월의 회견에서 주고받은 말이다.

외국인 기자: "6월 2일에 발표된 홍콩의 여론 조사에 따르면 3월보다 13%나 더 많은 37%가 미래를 비관적으로 보며 홍콩을 떠나 다른 나라로 이주하고 싶다고 대답했다. 이를 중국의 입장에서 이렇게 생각하는가?"

자오리젠 보도관: "기자가 무슨 말을 하고 싶은 건지 모르겠지만 홍콩인은 (홍콩이 싫으면) 중국으로 올 자유가 있다."

외국인 기자: "(중국에 거주하는 캐나다인을 중국 당국이 잇달아 구속했다) '인질 외교'에 대해서 중국의 입장은 어떠한가?"

자오리젠 보도관: "그런 말을 할 자격이 없는 나라가 물어볼 문제는 아니다. 가장 좋은 방법은 당신이 화웨이의 멍완저우孟晚舟 부회장을 구속한 캐나다에 가서 '인질 외교'가 뭡니까? 라고 묻는 것이다."

이듬해 중국의 '잔랑 외교관'은 일본에도 나타났다. 2021년 6월 29일 부임지인 오사카에 도착한 쉐젠薛劍 총영사다. 그의 발언은 다음과 같다.

"해충 구제! 쾌적한 게 최고다!" (10월 26일 국제 앰네스티의 홍콩 철수 보도를 보고)

"정신 이상자들(원문 그대로)이 미국을 망쳤다!" (11월 3일 미국에서 아프간 재공격에 대한 말이 나온 것에 대해)

"똥에 덤벼들려고 하는 파리와도 같은 서방의 똘마니 정치가"(11월 21일 베이징 동계올림픽의 정치적 보이콧 움직임에 대해)

2022년에 들어와서도 2월 24일 침공을 시작한 러시아군에 철저하게 항전을 결정한 우크라이나를 비꼬며 이렇게 발언했다.

"약한 사람은 절대로 강한 사람에게 싸움을 거는 어리석은 행위를 하면 안 된다!"

2021년 나는 연말에 오사카로 출장을 간 김에 구면인 쉐젠 총영사를 찾아가 오랜 시간 환담을 나눴다. 그때 "좀 더 온화해지는 건 어떻습니까?"라고 건의하자 총영사는 이렇게 말했다.

"나는 잔랑 외교관이 아니라 판다 외교관입니다. 내 트위터는 일본 국민에게 보내는 러브 콜이에요. 일본은 '불륜 국가'(타이완과 바람을 피우는 나라)가 되지 말고 '정실'(중국)을 아껴 달라고 하고 싶군요."

오사카에 부임한 지 6개월이나 됐는데 명물인 다코야키도 먹지 않았다는 것이 내게는 안타까웠다.

14. 역사에 '만약'이란 없다

패락서찬태 佩洛西竄台 / 찰 **패**, 물 이름 **락**, 서녘 **서**, 숨을 **찬**, 태풍 **태**
〔페이뤄시 찬타이〕
① '(낸시) 펠로시가 타이완을 방문하다'라는 뜻
¶거기에 '페이뤄시 촨타이'라는 '죽을 줄도 모르고 불에 날아드는 여름철의 벌레'처럼 스스로 위험에 뛰어드는 형국이라니.
¶낸시 펠로시 미 연방하원 의장의 기습적 타이완 방문이 없었다면…….

현재 중국에서 일상적으로 쓰이는 한자는 황제 제도가 폐지되고 16년 후인 1928년 교육자 천허친陳鶴琴 교수(훗날 난징사범학원의 원장 등을 역임) 등이 '어체문 응용자회'를 규정한 것으로 시작된다. 그것은 1획의 '一, 乙'로 시작되었으며 총 4,261자의 한자가 이른바 '상용한자'로 규정되어 이를 기초로 학교 교육이 실시되었다.

그 후 1949년 지금의 중국이 건국되자 1954년 중국 문자 개혁위원회가 성립했다. 그리고 10년 후인 1964년 간체자를 규정한 '간화자총표'를 공포했다. 1986년에 개정판이 나왔고 현재에 이른다.

그와 동시에 '상용한자'도 때때로 증감하며 최종적으로 1988년 '현대한어상용자표'로 정리되었다. 거기에는 '상용자'(상용한자) 2,500자, '차상용자'(준상용한자) 1,000자로 총 3,500자가 수록되었다.

같은 한자 문화권인 일본에서는 '상용한자표'(2010년 판)에 2,136자가 수록된 것에 비하면 중국이 60%나 더 많다. 이는 중국어에는 일본어처럼 한자를 대신할 히라가나와 가타카나가 없기 때문이다. 특히 외래어나 외국인 이름을 전부 한자로 써서 나타내야 하는 탓에 많은 한자를 필요로 한다.

예를 들면 러시아의 문호 도스토옙스키의 대표작 《죄와 벌》의 주인공인 로디온 로마노비치 라스콜니코프의 이름은 '루어디언 루어마웨이치 라스커얼니커푸罗迪恩·罗马维奇·拉斯柯尔尼科夫'다. 참고로 도스토옙스키는 '페이아오다얼 미하이뤄웨이치 퉈스퉈예푸스지费奥多尔·米哈伊洛维奇·陀思妥耶夫斯基'라고 한다. 뭔가 정신이 멍해지는 듯한 한자의 나열이다.

그럼 새롭게 외국의 리더 등이 등장한 경우 중국에서는 어떤 식으로 한자를 적용할까? 이는 국영신화통신이 보도한 것이 기준이 된다. 신화통신이 보도하지 않은 외래어나 외국인 이름은 적당히 음역한다.

이전에는 같은 외국의 정치가라도 중국과 타이완이 규정한 한자명이 다른 사례가 가끔 있었다. 예를 들면 '루어나더 리건'(중국, 罗纳德 · 里根)과 '룽나 레이건'(타이완, 隆納 · 雷根)은 동일 인물로 제40대 미국 대통령 로널드 레이건이다. 최근에는 타이완이 중국에서 붙인 한자명에 맞추는 것처럼 보인다.

그럼 명명이라는 중책을 짊어진 신화통신은 어떤 식으로 한자를 결정할까? 이 회사의 간부에게 물어봤더니 "의외로 대충 결정합니다"라고 했다. "계속 새로운 외국인이 나와서 신중하게 검토할 틈이 없어요."

그래도 이건 내 추측인데 명명한 사람의 '재치'가 조금은 들어 있는 듯하다.

이를테면 한때 이라크에 군림한 독재자 후세인 대통령은 '허우사이인'이라고 명명했는데 '지기 싫어하는賽 인자囚를 가진 군조侯'라고 읽을 수도 있다. 러시아에 푸틴이 등장했을 때는 '푸징'이라고 명명했다. 당시에는 강렬한 개성의 소유자였던 옐친 대통령과 비교하면 '수도에京 들어온 보통 사람普'으로 비쳤다(그 후 귀한 신분으로 바뀌었지만).

미국인에 대해서도 트럼프 대통령은 '터랑푸'로 '특히特 쾌활한朗 보통 사람普'. 바이든 대통령은 '바이덩'으로 '(주위 사람에게) 절하며拜 (출세의 계단을) 오르는登 사람'. 왠지 본인들의 이미지에 맞고 발음이 비슷한 한자를 적용하지 않았는가?

이 항목의 주인공인 낸시 펠로시 미 하원의장은 중국어로 '난시 페이뤄시'라고 표기한다. '수도 남쪽南希에서 (주위에 부하들을) 거느리는 佩洛希 사람'이라는 뜻이다. 낸시 펠로시의 선거구는 남쪽인 샌프란시스코이며 그곳에서 많은 부하 직원들을 거느리는 이미지다. 덧붙이자면 타이완에서는 그녀를 '톄냥즈铁娘子'라는 별명으로 부른다. '철의 여인'이라는 뜻이다.

그런 그녀가 2022년 8월 2일 한밤중에 미국 군용기를 타고 타이베이의 쑹산 공항에 내렸다. 열렬히 환영한 차이잉원蔡英文 정권과 격분하며 원통해한 시진핑 정권.

중국에서는 이 사건을 '페이뤄시촨타이佩洛西窜台 사건'이라고 불렀다. '촨窜'이라는 한자는 '구멍혈穴 밑'에 '쥐鼠'라고 쓰여 쥐가 도망쳐다니며 구멍에 숨으려고 할 때의 동작을 나타낸다. '낸시 펠로시가 도망쳐서 타이완을 방문한 사건'이라는 뜻이다.

중국 인민해방군은 8월 4일부터 타이완을 에워싼 6군데의 해공역에서 전대미문의 대규모 군사 훈련을 시작했다. 중국과 타이완은 졸지에 일촉즉발 상태가 되었다.

나는 이 사건을 베이징 최고 간부의 집무실과 관저가 있는 중난하이中南海의 권력 투쟁 시점에서 해석해 중국 정치의 심오함에 감탄했다. 역시 14억 명이라는 세계 최대의 국가를 통솔하는 시진핑 주석(총서기)이다. 이 남자는 보통이 아니다.

8월 하순에 낸시 펠로시 일행이 싱가포르, 말레이시아, 타이완, 한국, 일본이라는 아시아 순방을 떠나려고 했을 때 시진핑 총서기는 기원전 206년 한나라의 유방과 같은 심경이었다. 이 해에 무슨 일이 있었느냐 하면 중국 사상 가장 유명한 연회 '홍문지회鴻門之會'가 열렸다.

진 왕조가 붕괴하던 당시 최대 실력자였던 초나라의 항우보다도 먼저 수도가 있는 관중關中에 들어간 유방은 항우에게 홍문에서 열리는 연회에 초대받는다. 기면 그 자리에서 살해당할 가능성이 컸고 안 가면 한나라가 전면 공격당할 것이 뻔했다. 결국 유방은 연회에 참석하지만 연회장에서 허둥지둥 도망쳤고 구사일생으로 목숨을 건졌다.

시진핑 총서기도 8월 첫째 주 주말에 허베이성河北省 베이다이허의 피서지에서 열린 '베이다이허 회의'에 출석이 예정되었다. 이 회의가 가도 지옥, 안 가도 지옥이었다.

이 회의의 가장 큰 특징은 이미 일선에서 물러난 장로(전 간부)들도 참가한다는 점이다. 공산당 현역 집행부는 일 년에 한 번 베이다이허에서 장로의 의견에 귀를 기울이고 '기분 전환'을 도모한다. 이를 거르면 장로들이 권력 투쟁이나 집행부 비판을 시작할지도 모르기 때문이다.

예년과 같으면 베이다이허 회의는 척척 진행되는 경우가 많다. 장로들이 쓴소리를 한다고 해도 총서기가 '오랜 동지(선배)들의 충고를 명심하고 임하겠습니다'라고 하면 그만이다.

그런데 10년에 한 번인 정권 교대기만큼은 진지하게 권력 투쟁이 벌어진다. 몇 개월 후에 닥칠 공산당대회에서 최고 간부 인사를 발표하기 때문이다. 2022년이 바로 그 해였다.

민주적인 선거를 하지 않는 중국 공산당에서는 베이다이허 회의에서 최고 간부 인사와 방침의 큰 틀을 결정한다. 이 내용을 몇 개월 후 공산당대회에서 승인하면 선출된 사람들이 이듬해 3월에 새 정권을 발족시켜서 국정을 집행한다. 즉 베이다이허 회의는 정치의 근본이나 다름없다.

2022년 여름에는 악명 높은 제로 코로나 정책(둥타이칭링)에 따른 중국 경제의 악화에 더해 시진핑 주석의 푸틴 밀착 외교도 희생의 대상이 되었다. 여하튼 '서구와의 협조 노선에 의한 중국의 경제 발전'이 장로들의 유산이다. 그런 그들의 입장에서 10월 16일 제20회 공산당대회에서 시진핑 총서기의 이례적인 3선은 당치도 않은 일이었다. 따라서 그들은 시진핑에게 '은퇴 권고'를 내밀 생각이었다. 리커창李克强 총리 등 '서구권 협조파'인 현역 간부도 동조한다고 보였다.

거기에 페이뤄시촨타이는 스스로 위험에 뛰어드는 형국이었던 것이다. 그러나 시진핑 총서기는 '타이완에 사건이 발생했으며 베이다이허에는 사령부도, 미국의 공습을 견딜 시설도 없다'라고 하며 중난하이(베이징)를 떠나지 않았다.

그래도 장로들은 굴하지 않았고 시진핑 총서기에게 타이완 근해에서 군사 훈련을 조기에 끝내고 베이다이허로 오라고 강요했다. 그래서 시진핑 중앙군사위원회 주석은 8월 10일에 겨우 군사 훈련을 끝내고 베이다이허로 향했다.

하지만 유독 격렬한 타이완 위기가 '연출'된 후에는 그토록 대단한 장로들에게도 시진핑 총서기의 목에 방울을 달 힘이 없었다. 시진핑 총서기는 총서기 3선의 이유를 자신의 정권 표어인 '중화민족의 위대한 부흥이라는 중국의 꿈 실현', 즉 타이완 통일이라는 '2기 10년'으로 이루지 못한 일을 내세웠다. 그런 가운데 페이뤄시촨타이라고 보도된 대규모 군사 훈련은 시진핑 총서기의 주장에 정당성을 부여했다.

이렇게 해서 시진핑 총서기는 총서기 3선을 사실상 강행했다.

나는 시진핑 총서기를 2012년 11월 15일 생일날부터 인민대회당에서 취재하며 걸출한 능력 두 가지를 보았다. 그것은 교묘한 권력투쟁술과 강운이다. 둘 다 시진핑 총서기가 숭배하는 마오쩌둥 주석과 통하는 점이다.

이때도 이 능력 두 가지는 충분히 발휘되었다.

만약에 '페이뤄시촨타이'가 없었다면……. 아니, 역사에 '~라면'이라는 가정은 필요없다.

15. 선전(深圳), 상하이로 이어지는
국가급 프로젝트

천년대계 千年大計 / 일천 **천**, 해 **년**, 클 **대**, 셀 **계**

〔쳰녠따지〕

① 시진핑이 추진하는 제 2의 수도 건설을 이르는 말

② 먼 앞날까지 미리 내다보고 세우는 크고 중요한 계획

¶지금부터 제3의 국가적 신개발지구 프로젝트를 시작한다. 이는 국가의 쳰녠
따지(千年大計)다!

¶제2의 수도 건설 '쳰녠따지(千年大計)'가 시작되었다.

㉠ 백년대계(百年大計)

기원전 221년 광대한 중국 전역을 최초로 통일한 진나라의 왕 영정嬴
政은 '내 덕은 삼황(전설상의 천황, 지황, 인황)보다 낫고 내 공은 오제(전
설상의 다섯 임금, 황제, 전욱, 제곡, 요, 순)보다 높다'고 했다. 그래서 자신
을 '황제'라고 일컬었다. 진나라를 연 황제라서 후세 사람들은 '진시
황'(진의 시황제)이라고 불렀다.

진시황은 천하를 통일한 지 9년 후인 기원전 212년 수도 함양에

가까운 여산酈山 서쪽(현재 산시성 시안 서쪽 교외)에 '천하제일궁' 건축을 명령했다. 약 5km×3km에 걸친 당시 세계 최대 규모의 궁전 '아방궁'이다.

이렇게 해서 만리장성, 시황제릉(무덤), 친즈다오秦直道(도로)에 이은 네 번째 거대 공사가 시작되었다. 동원된 죄인은 총 70만 명을 넘었다고 《사기》의 〈진시황본기제유〉에 기록되어 있다.

그러나 불로장생을 꿈꾼 시황제는 기원전 210년에 49세의 나이로 영면했다. 18번째 아들이며 2대 황제로 취임한 호해가 공사를 계속하지만 3년 후에 환관 조고가 반란을 일으킨다. 그리고 3대째인 자영子嬰 진왕이 한나라 유방에게 옥새를 건네며 진은 멸망한다. 미완의 궁전은 노천에 버려졌다.

일설에는 기원전 206년 말 초나라 항우가 함양에 입성한 후 다 태워버렸다는 말도 있다. 아무튼 기원전 202년에 항우군을 멸망시키고 400년간 지속되는 한 제국을 구축한 유방은 아방궁을 거들떠보지도 않고 자신의 궁전 '미영궁'을 건설했다.

그런 진시황 시대로부터 약 2,200년이 지난 2017년 2월 23일. 이미 중국에서 천하를 장악한 지 4년 3개월이 지난 시진핑 총서기는 수도 베이징에서 남쪽으로 105km 정도 내려간 허베이성의 황폐해진 땅에 찾아갔다. 그곳에서 장승처럼 우뚝 서서 황무지를 바라다보며 수많은 간부를 꼼짝 못하게 세워 놓고 소리 높여 선언했다.

"여기에 제2의 수도 '슝안신구雄安新区'를 건설하겠다. 지금부터 제

3의 국가적 신개발지구 프로젝트를 시작한다. 이는 국가의 천년대계다!"

이렇게 해서 느닷없이 제2의 수도 건설인 '쳰녠따지(千年大計, 천년대계)'가 시작되었다.

덩샤오핑 부총리가 개혁 개방 정책을 시작한 지 얼마 안 된 1980년, 홍콩에 인접한 인구 3만 명의 어촌 선전深圳에 중국 최초의 경제특구를 건설했다. '이곳에 또 하나의 홍콩을 만들겠다'라고 덩샤오핑 부총리가 선언했을 때 수행한 간부들은 실소했다.

하지만 현재 선전은 홍콩 2배 규모의 거대 도시로 성장했으며 GDP도 2018년에 홍콩을 따라잡았다. 이것이 신중국 최초의 국가적 신개발지구 프로젝트 '선전 경제특구'다.

또다른 예로 1990년 당시 장쩌민 주석이 고향인 상하이 황푸강 동쪽의 황무지에 푸둥구浦东新区를 만든 일을 들 수 있다. 이때도 당사자인 상하이 시민들은 '푸둥의 방 하나보다 푸시(浦西, 구 시가지)의 침대 하나를 더 원한다'[14]라고 야유했다. 그러나 푸둥은 이미 뉴욕에 필적할 만큼 마천루가 북적거리는 인구 570만 명의 거대한 신개발지구로 성장했다.

이어서 후진타오 주석은 2009년 베이징의 외항인 톈진天津에 빈하이신구滨海新区를 건설했다. 그런데 어쩐지 시진핑 주석은 이 프로젝트에 '실패'의 낙인을 찍은 모양으로 국가적 프로젝트로 세지 않고 있다.

　그런 이유로 시진핑 주석은 자신이 스물아홉 살부터 서른두 살까지 근무한 허베이성 정딩현正定縣 근처에 위치하는 슝안을 제3의 국가적 신개발지구 프로젝트로 뽑았다. 숭배하는 마오쩌둥 주석이 베이징에 입성하기 전인 1948년 5월부터 본거지로 정했고 지금은 '전국 5대 혁명 성지'의 하나로 지정된 시바이포西柏坡와 그리 멀지 않다는 점도 고려했을지 모른다. 아무튼 이때부터 그는 '현대판 아방궁'을 만들기 시작했다.

　그로부터 1년 반 후, 2018년 8월 나는 이 두 번째 수도의 거대한 공사 현장을 찾았다. 아마 외국인으로는 처음이지 않았을까 싶다.

　'첸녠따지 궈지아다스千年大計 国家大事'―입구에 88자의 거대한 간판을 단 바깥쪽 농지에는 트랙터가 삐걱삐걱 소리를 냈다. 계획에 따르면 단기 프로젝트로 100km², 중기 프로젝트로 200km², 장기 프로젝트로 2,000km²를 개발한다. 최종적으로는 도쿄돔 4,200개 크기의 넓이가 되어 그야말로 '국가의 천년대계'다.

하지만 내가 방문했을 때는 룽청容城이라는 장소에 있는 '시민 서비스 센터 지구'만 완성되어 있었다. 이른바 도쿄돔 5개 크기의 '슝안 모델하우스'다.

입구의 주차장에서 휘발유 차에서 내려야 했다. 내부는 EV(전기자동차)로만 들어갈 수 있다. 환경 대책에 대한 중시를 전면에 강조했기 때문이다.

부지 안으로 들어가자 도로 양쪽에 심어 놓은 모든 가로수에 'BAE2954'라고 번호가 들어간 바코드가 달려 있었다. 스마트폰을 대면 도로의 명칭, 책임자명, 나무 이름과 과속, 묘목 날짜, 식수 날짜의 여섯 가지 정보를 확인할 수 있다.

슝안은 '스펀지(해면) 도시'의 콘셉트를 채용해 중심 도로를 걸으면 콘크리트가 부드럽다는 것을 느낄 수 있다. 빗물이나 오수를 생활열원으로 재활용할 수 있도록 지하에 총 길이 3.3km의 파이프라인을 뚫었다.

도로에 따라서는 자동운전 자동차 전용도로가 있어서 인간이 운전하는 EV도 진입할 수 없다. 그곳에서는 자동 보행기(전동 신발)를 탄 바이두의 전문가들이 실험을 반복했다. 바이두는 2017년부터 '아폴로 계획'이라고 이름을 지은 자동 운전 프로젝트를 진행 중이다. 중국 내외의 135개 사가 참여한 이 프로젝트는 2023년 말까지 30개 도시에서 자동 운전 자동차 3천 대를 비치하는 것을 단기 목표로 삼았다.

승안은 '범죄 제로 도시'를 지향해서 어디에 있어도 최소 4군데에서 방범 카메라가 '지켜보고' 있다. 부담감을 주지 않게 방범 카메라는 벽과 같은 흰색이다. 나는 이를 보며 '안전'과 '감시'는 표리 관계에 있다고 재확인했다.

1천 명 이상이 일하는 중심부의 사무동에 들어가자 페이퍼리스화와 자동화가 철저했다. 확실히 사무직인 공무원들의 책상에는 종이류가 보이지 않는다.

사무동 창문은 삼중 유리로 최신 광학 기술을 이용한 '사람에게 좋은 채광'을 실시했다. 그래서 이날은 한여름의 작열 지옥이었는데 실내에는 딱 알맞게 나뭇잎 사이로 햇살이 비칠 뿐이었다. 그 적은 양의 햇빛이 흰 바닥에 반짝반짝 반사되었다.

공무원들이 사는 거주 지구에는 북유럽풍 환경에 좋은 4층짜리 아파트 단지가 나란히 있었고 '1+2+N'이라는 시스템을 채택했다. 1은 신분증, 2는 얼굴 인증이나 음성 인증에 따른 문 개폐, N은 스마트폰을 사용해 일원적으로 관리한다는 뜻이다. 특히 집 문 앞의 카메라가 자동으로 집주인의 얼굴을 식별하거나 '다녀왔습니다!'라는 목소리를 식별해서 문을 여는 시스템은 참신하다.

거주 지구에 인접한 상점가에는 무인 마트가 열려 있었다. 계산대도 없고 손님은 원하는 상품에 스마트폰을 대고 자신의 가방에 넣는다. 출구에서 다시 스마트폰을 대면 자동으로 결제되는 시스템이다.

슝안의 동쪽에는 비와호琵琶湖의 약 절반 면적을 차지하는 호수 바이양뎬白洋淀이 물을 가득 채우고 있었다. 오염되어 수면이 탁했지만 앞으로 중국에서 가장 좋은 수질로 개선해갈 것이라고 한다.

이렇게 해서 하루 동안 제2의 도시를 견학하고 '종이, 열쇠, 돈'이 없는 근미래 도시를 실컷 경험했다.

하지만 나의 가장 큰 의문은 바다가 없는 경제특구가 과연 발전할 것인가 하는 점이었다. 솔직히 그 의문을 슝안의 직원에게 물어보니 그는 탁한 호수를 바라보며 나를 어리둥절하게 만들었다.

"뭐니 뭐니 해도 (시진핑) 총서기의 천년 대계니까요. 1천 년이 지나 봐야 알 수 있을 겁니다."

그로부터 4년 남짓 지났고 중국 최첨단 스마트 시티의 건설은 진행되었다. 베이징에서 슝안에 이르는 고속도로와 고속철도가 개통되어 베이징의 유명 대학, 병원, 국유기업 등을 재촉해 거점을 구축하게 했다. 지금도 날마다 거대 공사가 이어지고 있다.

생각해보면 시황제를 존경한 것이 마오쩌둥이고 마오쩌둥 주석을 존경한 것이 시진핑 주석이다. 과연 '시진핑의 아방궁'은 성공할 것인가?

16. 과거에 홍위병이 있었다면 현재에는 백위병이 있다

백위병 白卫兵 / 흰 **백**, 지킬 **위**, 병사 **병**
〔바이웨이빙〕
① 완장을 찬 고압적인 사람들을 비판하는 비유적 표현. 코로나 방역을 이유로
  막무가내로 행동하는 방역요원들을 문화대혁명 시기 홍위병에 빗대어 사용
  하는 말.
¶내가 사는 아파트 층을 일제히 소독한다며 바이웨이빙(白卫兵)들이 서슴없이
방으로 올라왔어.
㉤ 홍위병(紅衛兵)

'말라죽은 낙타도 말보다 크다'[15]라는 중국 속담이 있다. 한국어에서
유의어를 찾는다면 '썩어도 준치'다.

건국의 아버지 마오쩌둥 주석(1893~1976년)의 생애, 특히 노년을
돌아볼 때 늘 이 속담이 뇌리를 스친다. 몹시 고생한 끝에 중국 공산
당 내부의 권력 투쟁과 국민당과의 내전에 승리한 마오쩌둥 주석은
1949년 10월 1일 오후 3시, 베이징 고궁 앞 톈안먼 누각에 올라가 중

화인민공화국의 건국을 선언했다.

이때부터 마오쩌둥 주석은 경애하는 소련의 이오시프 스탈린 서기장을 본받아 '이상적인 사회주의국가 만들기'를 목표로 했다. 그것은 한마디로 말하자면 '자신 이외에는 모든 국민이 평등하고 국민은 다같이 자신만을 경애하며 농업과 공업이 동시에 발전하는' 사회였다. 스탈린 서기장이 1930년대 초에 소련에서 똑같이 행동해서 굶어 죽은 사람이 수백만 명에 달했지만 그런 일은 상관없었다.

이러한 마오쩌둥 주석의 방침은 건국 10년 차인 1958년 앞에서 말했듯이 '대약진 운동'으로 결실을 맺는다. 농촌에 인민공사를 설립하여 농업을 집단화하고 공업은 '15년 안에 영국의 철강 생산량을 따라잡는다'라고 선언했다.

하지만 경제는 즉시 파탄에 이르렀고 이듬해부터 전례 없는 3년 대기근에 빠졌다. 굶어 죽은 사람이 4천만 명이라고 하는데 2차 세계대전의 세계 전체 사망자 수에 가깝다. 이 시기를 어떻게든 극복한 중국인은 노년이 된 지금까지도 '악몽의 기억'이 사라지지 않는다.

1962년 연초부터 이 실책을 총괄하는 '7천 명 대회'(당 중앙 확대 공작 회의)가 베이징 인민대회당에서 열렸다. 이때 마오쩌둥 주석은 생애 단 한 번뿐인 '자기비판'을 간부들 앞에서 강요당했다.

이 대회를 계기로 중국 공산당의 실권은 리오사오치刘少奇 국가 주석, 덩샤오핑 부총리 등 실무파에게 옮겨갔다. 그와 동시에 마오쩌둥 주석에게는 '옛날 사람'이라는 딱지가 붙었다.

그러나 천만에, '고희가 지난 낙타'는 살아 있었다. 마오쩌둥은 '혁명을 계속하자!'라고 외치며 문화대혁명을 일으키고 단번에 상황을 역전한다.

1966년 5월 베이징의 명문 칭화淸華대학 부속 중학교(중·고등학교 일관교에 해당)에 우리에게는 '홍위병'이라는 말로 익숙한 '홍웨이빙紅衛兵'이 결성되었다. 빨간색 완장을 찬 학생들은 마오쩌둥 주석을 숭배하며 《마오쩌둥 주석 어록》에만 충실했다. 그리고 주위의 고위급 어른들을 '헤이우레이黑五类'라고 일방적으로 평가하고 신경질적으로 비판했다. 헤이우레이는 중국에서 비판이나 숙청의 대상이 되는 지주, 부농, 반혁명분자, 악질분자, 우파분자를 일컫는 말이다.

마오쩌둥 주석은 '모든 저항과 반란에는 나름대로 이유가 있다'[16]며 홍웨이빙에게 박수갈채를 보냈다. 같은 해 8월부터 11월까지 톈안먼 광장 등에서 총 8번이나 홍웨이빙과 알현하기도 했다.

이 운동은 순식간에 전국으로 퍼졌고 각지에서 결성된 홍웨이빙은 문화대혁명의 주인공이 되었다. 바꿔 말하자면 중국 전역이 무법지대로 변했다.

홍웨이빙은 처음에 학교장이나 공장장과 같은 '주위에서 흔히 볼 수 있는 권력자'들을 규탄했다. 그러나 마오쩌둥 주석은 '사령부를 포격하라!'라고 부추겨서 상층부의 규탄을 한층 더 요구했다.

그 결과 홍웨이빙들의 행동은 점차 확대되어 그 공격 대상이 공산당 간부들에게까지 미쳤다. 펑전彭真 베이징 시장을 규탄하고 덩샤오핑 부총리를 농촌으로 내쫓았으며 마지막에는 리우사오치 국가 주석을 연금했다. 국가 주석에서 해임된 리우사오치는 1969년 11월 이송지인 허난성 카이펑开封에서 옥사하고 만다.

지금 돌이켜 보면 문화대혁명은 실권을 잃고 형태뿐인 공산당 주석이 된 마오쩌둥이 실무파인 리우사오치 국가 주석 등을 쫓아낸 권력 투쟁이었다. 홍웨이빙은 이를 위한 도구로 이용된 것이다.

그 후 1976년 9월 마오쩌둥 주석이 82세의 나이로 서거해서 문화대혁명은 드디어 종식되었다. 홍웨이빙도 완전히 사라졌다.

몇 년 전 나는 베이징에서 홍웨이빙의 리더였다는 여성에게 이야기를 들은 적이 있다. 이미 백발이 성성했지만 베이징 시내의 가구점에서 일하고 있었다.

"그때는 내가 마치 마오쩌둥 주석의 딸로 뽑힌 것 같은 기분이 들어서 마오쩌둥 주석이 말하는 혁명을 수행하고 평등사회를 건설하겠다는 꿈으로 불탔어요. 확실히 젊은 탓이었지만 지금도 마오쩌둥 주석은 존경합니다."

그녀는 그렇게 말하고 부적으로 삼은 마오쩌둥 주석의 키홀더를 보여줬다. 그리고 이렇게 말하기도 했다.

"마오쩌둥 주석이 서거한 후 덩샤오핑이 나왔지만 마오쩌둥 주석에 비하면 배포가 작은 지도자였어요. 그 후의 장쩌민이나 후진타오도 말할 거리도 안 되지요. 그랬는데 드디어 왕년의 마오쩌둥 주석을 방불케 하는 시진핑 주석이 등장했습니다. 그래서 시진핑 주석에게는 엄청 기대하고 있어요."

시진핑 주석은 확실히 '훙웨이빙 세대' 중에 팬이 많다. 앞에서 말했듯 중국 공산당 관계자의 말에 따르면 '시진핑 주석은 마오쩌둥 주석을 숭배하며 하나부터 열까지 마오쩌둥 주석을 모방한다'고 한다.

그런 '현대판 마오쩌둥'은 2020년 신종 코로나바이러스가 만연한 이후 검사와 격리를 철저히 하는 '제로 코로나 징책'(둥타이칭링)을 고수했다. 2022년에 유행한 오미크론 변이는 감염력이 강하지만 중증도가 낮아서 '코로나와의 공존이 바람직하다'라고 WHO(세계보건기구)도 말했지만 중국만은 소귀에 경 읽기나 다름없었다.

3월 28일부터는 마침내 중국 최대 경제 도시 상하이에서 '펑청'(도시 봉쇄)이 실시되었다. 먼저 동부 지역에서 실시되었고 4월 1일부터 서부 지역도 편입되었다.

처음에는 4일 동안이라고 약속해 상하이 시민 2,500만 명이 따른 이 정책은 결국 5월 31일까지 꼬박 2개월에 걸쳐 진행되었다. 2020년 1월부터 4월까지 중국(세계) 최초로 우한에서 실시된 펑청은 76일에 달했는데 그때에 버금가는 길이였다.

그러나 2020년의 우한과 2022년의 상하이에는 결정적인 차이가 있었다. 우한에서는 전국에서 모인 자원봉사자 의사와 간호사들을 '백의의 천사'로 우러러 받들었고 의료 스태프나 시 정부 직원들과 시민 900만 명이 하나가 되어 대처했다. 우한의 누구에게나 코로나바이러스야말로 '공공의 적'이었다.

그런데 2022년 상하이에서는 시민과 공안(경찰)을 포함한 시 정부 직원이 완전히 적대 관계에 빠졌다. 시민이 외출하는 것을 저지하기 위해 시 정부는 바리케이드와 펜스를 쳤다. 심하게는 아파트 출입구 문을 강행 공사로 막아버렸다.

공안이나 시 정부 직원들은 모두 흰색 방호복을 입었기 때문에 상하이 시민은 그들을 '바이웨이빙'이라고 불렀다.

나는 '바이웨이빙'이라는 말을 웨이신에서 처음 봤을 때 상하이 사람의 풍자 유머 센스에 감탄했다. 거기에는 흰색 방호 복장을 한 공안들이 PCR 검사를 하기 위해 줄을 서며 큰 소리로 불평하는 중년 여성의 뒤에서 목을 조르는 사진이 첨부되어 있었다.

상하이 출신인 친구는 '바이웨이빙'의 생생한 모습을 증언했다.

"내가 사는 아파트 층을 일제히 소독한다며 바이웨이빙들이 서슴없이 방으로 올라왔어. 그리고 방 안에 아무 데나 소독 스프레이를 마구 뿌리는 거야. 그래서 딸의 비싼 그랜드 피아노가 못 쓰게 됐고 옥션에서 구입한 유화도 새하얘졌어. 물론 아무도 보상해주지 않아.

같이 사는 고령의 아버지는 '살아 있는 동안 홍웨이빙이 다시 집에 쳐들어올 줄 몰랐다'라고 하시더라. 그래서 내가 '지금 나타난 사람은 바이웨이빙이라고 해요'라고 알려드렸더니 어리둥절해하셨어."

바이웨이빙은 마스크 등으로 얼굴을 덮어서 아무리 난폭하게 행동해도 개인이 특정될 일이 없다. 그런 주제에 시민이 저항하면 마스크를 써도 얼굴 인증이 가능한 최신 비디오로 찍어서 체포한다.

시진핑 신시대의 바이웨이빙은 정말 놀랄 만하다.

3장

'황제' 시진핑을
골치 아프게 하는 존재

• 둥타이칭링动态清零: 이것 때문에 중국 경제가 급브레이크

• 신넝웬런新能源人: 전기 자동차처럼 계속 충전해야 하는 사람

• 마이터우쿠간埋头苦干: 포스트 시진핑 후보의 좌우명

• 이궈량쯔一国两制: 약속은 깨지기 위해서 있다?

• 산하이쩡처三孩政策: 덩샤오핑이 저지른 보기 드문 실수

• 사황다페이掃黄打非: 노란색, 황제의 색에서 사창가의 색으로

• 먀오산秒删: 캡처! 캡처! 캡처!

• 시차오셴西朝鲜: 서쪽에 있는 '조선'이란?

17. 이것 때문에 중국 경제가 급브레이크

동태청령 动态清零 / 움직일 **동**, 모습 **태**, 맑을 **청**, 떨어질 **영**
〔둥타이칭링〕
① 중국이 시행하는 코로나에 대한 고강도 방역 대책. 확진자가 발생하면 지역
봉쇄 등의 조치를 취해 '감염자 0'의 상태로 돌려놓는다는 의미이다.
¶나는 그 외에도 여러 중국인에게 물어봤는데 '둥타이칭링(動態淸零)'에 찬성
하는 사람은 전혀 없었다.
⑧ 다이내믹 제로 코로나 정책

일본에서는 해마다 연말이 되면 〈신조어·유행어 대상〉을 발표한다.
2021년에는 미국 메이저리그에서 오타니 쇼헤이 선수(투수)의 활약
을 나타내는 '리얼 이도류·쇼타임'이 뽑혔다.

중국에서도 '유행어 베스트 10'을 국영 미디어나 인터넷 미디어
등이 각각 실시하는데 일본처럼 국민적 행사는 아니다. 그 이유는 역
시 공산당이 국민을 지도하는 중국에서는 유행어도 '공산당이 만들

어서 국민에게 유포한다'는 의미가 강하기 때문이다. 공산당이 표어를 정하고 매일 아침부터 밤까지 관제 미디어를 사용해 선전하면 저절로 '관제 유행어'가 된다.

이러한 사정에 따라 〈2022년 관제 유행어 대상〉을 뽑는다고 하면 분명히 '둥타이칭링'일 것이다. 같은 해 9월 바이두에서 이 말을 검색했더니 4,530만 건이나 나왔다. '둥타이动态'는 역동적, '칭링清零'은 완전히 깨끗하게 한다는 뜻으로 시진핑 주석이 고집한 '제로 코로나 정책'을 말한다.

알다시피 신종 코로나바이러스는 2019년 연말에 세계 최초로 중국 후베이성의 성도 우한에서 일어났다. 시진핑 정권은 2020년 춘제(구정) 이틀 전인 1월 23일부터 76일에 걸쳐서 우한에 '펑청' 조치를 취했다. 이른바 도시 봉쇄다.

그 가혹한 모습은 우한에 거주하는 유명 작가이자 전 후베이성 작가협회 주석이기도 한 팡팡方方이 《우한일기》(문학동네, 2020년)에 기록한 그대로다. 이 중국 최초의 펑청은 '유사시에는 우한 시민 900만 명을 죽게 내버려 둬야 중국인 14억 명이 살아남는다'는 것을 결단한 조치였다.

일본에서는 생각할 수 없는 강경 조치였지만 '신규 감염자가 2주 동안 연속 0명이면 펑청을 해제하겠다'는 약속대로 같은 해 4월 8일 우한은 '해방'되었다. 시민 900만 명은 일제히 밖으로 뛰어나와 불꽃을 쏘아 올리거나 스마트폰 손전등을 밝혀서 기쁨을 나눴다.

이 우한의 평청은 시진핑 정권에게 큰 성공 체험이 되었다. 중국은 집중적이고 철저하게 코로나를 봉쇄한 덕택에 그 후 급속한 '일과 생산의 부활'[17]을 이루었다. 같은 해 GDP 성장률은 2.3%에 달했다. G20(주요 국가, 지역) 중에서 유일한 플러스 성장이었다.

그로부터 2년이 지난 2022년 코로나19 바이러스는 알파형→베타형→감마형→델타형, 그리고 오미크론으로 번이했다. 오미크론 번이의 특징은 더 쉽게 감염되는 대신 중증 위험도가 낮다는 점이었다. 서구권에서는 '이미 단순한 감기잖아'라고 하며 마스크 착용도 그만두었다.

그런 가운데 중국만은 '둥타이칭링'을 계속 고집했다. 2022년 3월 17일 시진핑 총서기는 당 중앙 정치국 상무위원회의를 소집해 강조했다.

"국민 제일·생명 제일을 계속 굳건히 유지하고 과학적 정확도와 둥타이칭링을 유지한다. 그렇게 해서 바이러스가 급속하게 확산·만연하는 기세를 막는다."

이리하여 중국 전역에서 조금이라도 코로나 환자가 나오면 그 동네를 봉쇄한다는 극단적인 둥타이칭링 정책을 취했다. 시진핑 총서기 측근인 부하, 즉 '친천親臣'인 러우양성樓阳生 당위원회 서기가 통치하는 허난성 등은 쉬창许昌 시에 사는 20대 여성 한 명이 감염되었다며 그 지역에 사는 70만 명을 평청하기도 했다.

가장 비참한 곳은 앞에서 말했듯이 중국 최대의 경제 도시 상하이

다. 여기도 시진핑 총서기의 저우장성 당위원회 서기 시절의 친천인 리창 당위원회 서기가 통치했다.

4월, 5월에 펑청한 상하이는 2년 전 '우한의 재림'이었다. 하지만 당시 우한에서는 공식 발표만으로 3,896명이나 되는 사람들이 죽어 나간 것과 반대로 상하이에서 유행한 것은 서구 사람들이 '감기와 같은 존재'라고 낙관적으로 본 오미크론 변이였다. 그런데도 우한 방식의 조치를 취하는 것은 중국에서 가장 합리적으로 생각한다는 상하이 시민 2,500만 명에게는 참을 수 없는 일이었다.

4월 11일에는 봉쇄한 아파트를 시찰하러 방문한 리창 당위원회 서기를 상하이 시민들이 매도하는 충격적인 영상이 SNS에 올라왔다. 이로써 차기 총리 후보에 이름이 올라간 리창 서기가 사퇴했다는 소문이 한때 상하이에도 돌았다.

시진핑 주석은 여걸 쑨춘란孫春兰 부총리를 상하이에 파견했다. 쑨춘란 부총리는 한 달 이상 상하이에 머무르며 '철저한 둥타이칭링'을 명령했다.

하지만 중국 국내에서는 펑청이 경제에 미친 악영향이 막대했다. 그렇지 않아도 2년 넘게 지속되는 코로나19 사태로 중국 경제가 흔들리고 있는데 엎친 데 덮친 격이었다. 같은 해 2/4분기의 경제 성장률은 0.4%까지 떨어졌고 상하이에 이르러서는 -13.7%를 기록했다.

나는 같은 해 5월 둥타이칭링을 강요당하는 상하이 출신 친구를 격려하려고 전화해 봤다. 그는 반쯤 애가 탔는데 '전례가 없을 정도로 한가하다'라며 너스레를 떨었다.

"이제는 집에 갇힌 우리의 식량 조달 방법은 주 1~2회의 적은 공급을 제외하면 스마트폰 애플리케이션으로 배달 음식을 주문하는 수밖에 없어. 그래서 날마다 아침부터 스마트폰을 계속 두들기고 있다고. 그럴 때 운동 마사지기가 유용해. 남보다 0.1초라도 더 빨리 터치하기 위해서 스마트폰 화면에 운동 마사지기를 바짝 대는 거야(웃음).

상하이 사람에게 가장 충격적인 일은 4월의 시내 자동차 판매 대수가 0대였다는 사실이야. 이런 일은 1949년 건국한 이후 없었어. 그야말로 제로 카, '치처칭링汽车清零'이지.

딱 하나 좋았던 점은 포식 세대인 아들이 생전 처음으로 굶는 체험을 한 거야. 유소년기에 문화대혁명을 경험한 내 세대와 달리 아들은 지금까지 식사는 레스토랑에서 먹거나 스마트폰으로 30분 이내에 배달 주문하는 것이라고 생각했거든. 그런데 이번 사태로 조금은 늘름해진 것 같아.

어쨌든 지금 상하이에서는 '1명 대 14억 명'[18]이라는 은어가 유행하고 있어. 이 나라에서는 국민 14억 명이 반대해도 단 한 명의 '황제'가 찬성하면 정책이 시행된다는 뜻이야."

6월 25일 리창 서기는 공산당 제11기 상하이 시위원회 제12회 대표대회를 소집하고 이렇게 말했다.

"우리는 시진핑 총서기의 중요 지시와 당 중앙이 결정한 정책, 대비를 결연히 관철했다. 둥타이칭링의 성과를 사회에 보여주고 위대한 상하이 보위전에서 승리했다."

나는 그 외에도 여러 중국인에게 물어봤는데 둥타이칭링에 찬성하는 사람은 전혀 없었다. 이 정도로 내외에서 반대하는데도 시진핑 주석은 왜 둥타이칭링을 고집했을까?

중국인이 든 이유는 각기 달랐다. '공산당 권위를 유지하기 위해서', '2년 전 우한에서 얻은 성공 체험이 있었기 때문에', '중국제 코로나 백신은 오미크론 변이에 효과를 확인할 수 없어서', '시진핑 주석은 그렇게 보여도 결벽증이라서……'.

그중에서 나는 다음의 대답을 듣고 가장 설득력이 있다고 생각했다.

"시진핑 주석은 코로나19 바이러스를 마치 타이완 독립파 분자나 신장新疆위구르 자치구 독립파 분자처럼 인식한다. 그래서 타이완 독립파나 신장 위구르 자치구 독립파와의 공존이 말도 안 되듯이 코로나와의 공존도 있을 수 없다.

시진핑 주석이 얼마나 코로나19 바이러스를 혐오하는가? 중국 어딘가를 시찰하거나 연설할 때는 그 40분 전에 방에서 마이크까지 철저하게 소독한다. 해외에는 코로나를 싫어해서 2020년 1월 미얀마로 여행한 이후 2022년 9월 카자흐스탄과 우즈베키스탄을 방문하기 전까지 2년 8개월이나 나가지 않았다."

미국 CNN은 9월 6일 '8월 20일 이후 적어도 74개 도시(인구 합계 3억 1,300만 명)에서 시 전역과 지구를 대상으로 하는 봉쇄가 실시되었다'라고 보도했다. 그 이유에 관해서는 '10월 16일에 시작되는 제20회 당대회가 중국 공산당과 시진핑 주석 개인의 공적을 기리는 자리라서 대규모 유행이 일어나면 그 이미지에 흠이 생길지 모른다'라고 했다. 지방 간부들도 부임지의 경제 활성화보다 둥타이칭링을 더 엄격하게 준수해 자신들이 당대회에서 출세하는 길을 선택했다.

마룻대가 바르지 않으면 아래 들보가 비뚤어진다. 윗물이 맑아야 아랫물이 맑다.[19] 중국은 '모래 위의 누각'이 될까?

18. 전기 자동차처럼 계속 충전해야 하는 사람

신능원인 新能源人 / 새 **신**, 능할 **능**, 근원 **원**, 사람 **인**

〔신넝웬런〕

① 코로나 방역 대책의 일환으로 일주일에 몇 번은 PCR 검사소에 가서 검사해야 하는 중국 시민들의 비아냥을 담은 은어.

¶일주일에 몇 번은 충전소에 가서 충전해야 하는 신넝웬처처럼 인간도 일주일에 몇 번은 PCR 검사소에 가서 검사해야 하는 신넝웬런 신세가 되고 말았다

㊌ 신넝웬처(新能源车)

新能源人, 뭔가 알 듯 말 듯한 4글자. 도대체 어떤 사람일까?

힌트는 'PCR + EV'. 점점 더 모르겠는가?

2020년 전 세계에서 신종 코로나바이러스 감염 폭발이 일어났을 때 중국 정부는 '한 가정도 빼먹지 않고 한 명도 빠뜨리지 않는다'[20]라는 표어를 내걸고 용감한 대응을 보여줬다. 앞에서 말했듯이 둥타이칭링이라고 불리는 '제로 코로나 정책'이다.

둥타이칭링은 철저한 '검사'와 '격리'로 이루어진다. 수많은 모체의 핵산 검사(PCR 검사)를 실시해서 신종 코로나바이러스의 양성이 나온 사람들을 가려낸다. 그리고 양성인 사람들을 집이나 숙박시설 등에 격리해 비감염자와 접촉하지 않게 하는 방식이다.

그때 '어떻게 14억 명이 넘는 국민을 질서 있게 검사해서 격리할 것인가'라는 문제에 직면했다.

그럴 때 중국을 대표하는 민영 IT 기업인 알리바바와 텐센트가 활약했다. 이 두 회사는 건강 코드(젠캉마, 健康码)라고 불리는 스마트폰 애플리케이션을 개발했다. 다른 휴대전화 회사 등도 뒤따라서 같은 애플리케이션을 개발했다.

건강 코드는 스마트폰 결제 시스템인 알리페이(즈푸바오, 支付宝)나 위챗페이(웨이신즈푸, 微信支付) 애플리케이션에서 인스톨한다. 먼저 자신의 신분증 번호와 건강 상태, 이력 등을 입력한다. 그러면 애플리케이션에 탑재된 AI(인공지능)가 위치 정보를 비롯해 다양한 데이터베이스 정보와 대조 확인해서 그 사람의 감염 위험을 판단한다. 녹색, 노란색, 빨간색 중 어느 한 가지의 이차원 코드가 스마트폰에 표시된다.

녹색은 '감염 위험 없음', 빨간색은 '격리 필요 또는 격리 중', 그리고 노란색은 '밀접 접촉자이며 검사 필요'를 의미한다. 빨간색과 노란색은 위험이 사라지면 녹색으로 되돌아간다.

만약에 노란색 표시가 나오면 스마트폰에 표시된 순서대로 신고하고 PCR 검사를 받는다. 검사는 의무는 아니지만 받아야 일상생활을 보낼 수 있다.

지하철이나 버스 등 공공 교통기관을 이용할 수 없고 마트나 편의점, 레스토랑에도 들어갈 수 없다. 애초에 울타리가 있는 아파트 단지 등에 살 경우 검사 이외의 목적으로 아파트 부지 밖에 나갈 수 없다.

최초로 건강 코드 도입을 발표한 회사는 알리바바였다. 중국 정부가 후베이성 우한의 9백만 명을 펑청(봉쇄)한 지 보름 남짓 지난 2020년 2월 11일 본사가 있는 저우장성 항저우杭州에서 회견을 열었다.

"지금부터 2주 이내에 건강 코드 시스템을 전국 200개 도시에 확대하겠다. 지하철, 지역사회(각 거주민 구역), 오피스 빌딩, 의료기관, 상업시설, 마트, 공항, 역 등에 판독기를 설치하겠다."

경쟁 회사인 텐센트도 똑같은 시스템을 시작해서 3월 5일에는 이미 건강 코드 등록자가 전국에서 8억 명을 돌파했다고 발표했다. 이렇게 해서 불과 한 달 안에 건강 코드는 중국 전역에 보급되었다.

건강 코드 제도가 시작된 당초 베이징에 사는 친구에게 물어보니 "마치 내 몸에 신호기를 설치한 것 같아"라며 투덜댔다. 하지만 얼마 지나지 않아 "이건 제2의 신분증이고 녹색이면 누구나 안심하고 밖에 나갈 수 있어서 편리해"라고 평가했다.

그 무렵 내가 사는 도쿄에서는 고이케 유리코小池百合子 도지사가 "'3밀'을 피하자"라고 호소했다. 이러한 호소는 1918년 스페인 독감(신종 인플루엔자)이 대유행했을 때도 당시 도쿄시에서 실시했다. 즉 일본의 대응은 '백 년이 하루 같이 아무 변화가 없는 상태'와 같아서 최신 IT 기술을 구사하는 중국보다 훨씬 뒤처지고 말았다.

중국은 이런 식으로 '일과 생산의 부활(푸궁푸찬)'을 추진해서 경제의 V자 회복을 이루었다.

그러나 그로부터 2년이 지나 2022년이 되자 그때까지 중국이 자랑한 둥타이칭링은 족쇄가 되었다. 시진핑 정권은 둥타이칭링을 고집한 탓에 경제의 급속한 악화를 불러일으켰다.

각 중국인의 관점에서 보면 이러한 경제 악화의 스트레스에 더해 겨우 펑청이 해제되어도 'PCR 검사 지옥'이 기다린다. 수많은 마트와 레스토랑 등에서는 고객 중에 한 명이라도 양성인 사람이 나오면 가게 봉쇄인 '펑뎬封店'을 당하기 때문에 '72시간 이내의 PCR 검사

음성 증명이 없으면 입점 불가'로 했다. 열차나 비행기 등도 마찬가지다. 그래서 일반 시민이 매주 세 번이나 PCR 검사를 받아야 하는 지경에 빠졌다.

한국의 보건복지부에 해당하는 국가위생건강위원회는 2022년 5월, 지난 2년 반 가까이 누계 92억 1,400만 번이나 되는 PCR 검사를 진행했다고 발표했다. 전국의 검사기관은 1만 2,500곳이라고 한다. 중국에서 많은 산업이 침체하는 와중에 보기 드물게 성장 산업이 되었다.

하지만 이만큼 일시적인 산업이 되어 대두하면 당연히 악덕업자도 판을 친다.

같은 해 5월 21일 베이징시가 실시한 341회차 '코로나 회견'에서 우락부락한 얼굴을 한 판쉬훙潘緒宏 공안(경찰)국 부국장이 갑자기 착석해 마이크를 잡았다.

"베이징 푸스朴石 의학 검사 실험실 문제에 대해서 위생 건강 부문은 이미 이 실험실의 의료기구사업종사 허가증을 취소했습니다. 또 시장 감독 관리 부문이 입건 조사를 시작했습니다. 위생 보건 부문에서 이송된 안건의 선에 따라 우리 공안 기관은 전염병 방지 방해죄의 용의로 입선 수사를 시작했습니다……"

규탄받은 푸스 실험실은 '일시적인 업자'의 하나로 2020년 11월에 설립했다. 2022년 2월부터 4월까지 베이징시 펑샨구房山区에서 PCR 검사를 실시한 3개 사 중 한 곳이다. 펑샨구는 베이징시 남서부에 위치하며 인구는 약 130만 명이다.

그런데 이 실험실에서 약 20만 명 분량의 검사를 조작한 사실이 발각되었다. 실제로는 검사를 하지 않고 검사 비용을 베이징시에서 가로채면 불로소득이다.

사태를 무겁게 본 중국 정부는 '검사기관을 검사하는 기관을 만들겠다'라고 발표했다. 전국적인 조사를 시작하자 각지에서 같은 수법을 저지른 업자가 적발되었다. 또한 베이징시 위생건강위원회의 대표인 위루밍于魯明 주임도 업자 등에게 거액의 뇌물을 받은 혐의로 같은 해 5월 25일 해임되고 체포당했다.

PCR 버블을 핑계 삼아 일련의 부정을 저지른 사람들에게 중국인은 분노의 목소리를 높이겠거니 했는데 그 정도까지는 아니었다. '애초에 정부가 시민을 검사에 열중하게 한 것 자체에 문제가 있다'라며 어이없어했기 때문이다.

예를 들면 같은 해 8월 17일 푸젠성福建省 아모이시 하이창구海沧区의 신종 코로나바이러스 대응 활동 지휘부는 다음과 같은 통지를 발령했다.

"어민은 (어업) 작업 기간 중 날마다 한 번씩 PCR 검사를 실시한다. 어민과 어획물은 물가로 올라온 후 즉시 지정한 PCR 검사소에 가야 한다. 그곳에서 사람과 생물을 동시에 검사한다."

이렇게 해서 세계에서도 유례를 볼 수 없는 '생선 PCR 검사'가 시작되었다. 어민이 자신이 잡은 생선의 입을 한 마리씩 벌려서 검사용

스트로를 꽂는 충격적인 영상이 더우인(중국판 TikTok) 등을 통해 확
산되었다.

　이러한 일로 일시적으로 유행어가 된 말이 '신넝웬런新能源人'이
다. 정부가 보급을 추진하는 전기자동차, 플러그인 하이브리드 자동
차, 연료전지자동차를 중국에서는 한데 묶어서 '신넝웬처(新能源车, 대
체 에너지 자동차)'라고 한다. 또한 현재 전국에서 급속도로 신넝웬처의
충전소가 설치되고 있다.

　일주일에 몇 번은 충전소에 가서 충전해야 하는 신넝웬처처럼 인
간도 일주일에 몇 번은 PCR 검사소에 가서 검사해야 하는 신넝웬런
신세가 되고 말았다—그런 비아냥을 담은 신조어, 아니 은어다.

　강권적인 사회주의국가에서는 은어의 센스도 뛰어나다.

19. 포스트 시진핑 후보의 좌우명

매두고한 埋头苦干 / 묻을 **매**, 머리 **두**, 쓸 **고**, 일꾼 **한**
〔마이터우쿠간〕
① '한눈팔지 않고 일에 몰두하며 열심히 일한다'라는 의미의 사자성어
¶'마이터우쿠간(埋头苦干)'은 어떤 의미에서 후춘화라는 정치가의 반생을 상징
 하는 말이기도 하다.
 (동) 긍긍업업(兢兢業業), 각답실지(脚踏實地), 일로매진(一路邁進)
 (반) 유수호한(游手好闲), 화병충기(画饼充饥)

이 항목은 앞으로의 중국을 담당하고 또 경우에 따라서는 시진핑 총
서기를 골치 아프게 할 한 정치가에 관한 이야기다.

공산당이 사실상 일당 독재로 국정을 운영하는 중국에서는 국회라
는 존재에 일본 등의 민주주의국가와 달리 별로 큰 의미가 없다. 실
제로 중국에서 국회에 해당하는 전국인민대표대회는 매년 3월 5일부
터 일주일 정도만 열린다.

그럼 전국인민대표대회는 전혀 의미가 없는가 하면 그렇지도 않다. 예를 들면 회기의 전후도 포함해서 10일 정도는 전국 31개 지역의 지방 간부들이 수도 베이징의 한 장소에 집결한다. 각국의 대사관의 관점에서 보면 평소에는 만날 일도 없는 지방 간부와 접촉할 기회다.

그런 이유로 2010년 3월 미야모토 유지宮本雄二 대사가 이끄는 베이징 일본대사관은 네이멍구內蒙古자치구의 후춘화胡春华 당 위원회 서기(자치구 대표, 당시 46세)를 베이징 량마챠오亮馬橋에 있는 일본대사관저의 점심 식사에 초대했다.

나는 이때 베이징에서 주재원으로 일했는데 일본대사관 외교관 지인에게서 '장래가 유망한 젊은 정치가는 누구라고 생각하는가'라는 질문에 가장 먼저 후춘화를 꼽았다. 나와 베이징대학교 동창생이라는 점도 있지만 중국 공산당 관계자에게서 "혁명 6세대의 중심인물은 혁명 4세대의 중심인물인 후진타오 총서기가 자신의 아들처럼 정치가로 직접 돌보며 키운 후춘화뿐이다"라는 이야기를 들었기 때문이다.

그런 경위도 있어서 후춘화 서기가 일본대사관저를 방문한 모습에 대해 물어봤다.

일본대사관저에 귀한 손님이 방문할 경우 현관 앞에서 일본 외교관이 마중 나가 안으로 안내한다. 그때부터 후춘화 서기의 태도는 다른 손님과 달랐다고 한다.

"관저 건물에 들어와 직진하면 정면에 중일 교류에 힘쓴 히라야마이쿠오平山郁夫 화백의 〈여명 야쿠시지藥師寺〉라는 그림이 걸려 있습니다. 후춘화 서기는 그 앞에서 멈추더니 '이건 어떤 그림입니까?'라고 질문했습니다. 손님이 그림을 마음에 두는 일이 없어서 조금 당황했지만 우리가 설명하자 후춘화 서기는 일일이 고개를 끄덕이며 '일본은 훌륭하군요'라고 했어요. 이미 이때부터 '보통 사람이 아니다'라는 느낌이 들었죠.

미야모토 대사가 주최한 점심 식사는 초밥이었는데 후춘화 서기는 맛있다며 잘 먹었고 일본 술도 잘 마셨습니다. 또 요리를 먹을 때마다 '일본은 이런 점이 대단해요'라고 칭찬했어요.

동시에 '중국과 일본이 손을 잡으면 이런 일을 할 수 있다'라며 자신의 아이디어를 계속 피력했습니다. 우리는 '마치 덩샤오핑이 환생한 것 같은 정치가'라는 인상을 받았습니다."

이때 일본의 외교관은 후춘화 서기에게 "당신의 좌우명은 무엇입니까?"라고 질문했다. 그러자 후춘화 서기는 '마이터우쿠간埋头苦干'이라는 사자성어를 말했다.

마이터우埋头는 말 그대로 '머리를 묻는다', 즉 '한눈팔지 않고 열심히 뭔가에 몰두한다'라는 뜻이다. 쿠苦는 '괴롭다'가 아니라 '고생해서', '열심히'라는 뜻이다. 간干은 '일하다', '담당하다', 다시 말해 '한눈팔지 않고 일에 몰두하며 열심히 일한다'라는 의미다.

마이터우쿠간은 어떤 의미에서 후춘화라는 정치가의 반생을 상징하는 말이기도 하다—.

후춘화는 1963년 4월 후베이성 우펑五峰의 농가에서 태어났다. '후베이의 신동'이라고 칭찬이 자자했고 열여섯 살에 중국에서 가장 들어가기 힘든 베이징대학교 중국문학학과에 합격해 수석으로 졸업했다. 졸업 후 14년 동안 중국의 맨 끝 티베트 자치구에서 근무하며 티베트 자치구 당위원회 서기를 역임한 스물한 살 연상의 후진타오에게 발탁되었다. 1997년부터 4년 동안 공청단(중국 공산주의 청년단) 본부 근무를 거쳐 2001년부터 2006년까지 다시 티베트에서 근무했다. 2006년에 상경해 공청단의 최고 자리인 중앙서기처 제1서기로 취임했다.

왜 후진타오 총서기는 장기간에 걸쳐서 해발고도 3,600m(후지산 정상과 거의 같다!)의 라사에 아끼는 후춘화를 꽁꽁 얼렸을까? 앞에서 말한 공산당 관계자가 알려줬다.

"후진타오 총서기는 자신의 권력 기반이 확고해져서 혁명 6세대의 중심에 자리 잡으려고 하는 후춘화가 혁명 3세대의 중심인 장쩌민의 일파에게 실각당할 일이 없다고 확인하기 전까지 후춘화를 베이징으로 돌려보내지 않았다. 후춘화가 티베트에 있는 한 장쩌민은 손대지 못하기 때문이다."

이 말을 듣고 나는 중난하이의 무시무시한 권력 투쟁의 일부분을 건드린 기분이 들었다.

하지만 후진타오 정권이 베이징올림픽을 성공시킨 2008년 후춘화는 이름 그대로 '봄의 꽃'을 피웠다. 허베이성 당위원회 부서기로 임명되었고 이듬해 2009년에는 버블 경제로 들끓는 네이멍구 자치구 당위원회 서기가 되었다.

2012년 제18회 공산당대회에서 시진핑에게 총서기 자리를 넘겼을 때 후진타오는 후춘화를 당 중앙정치국 위원(톱 25) 겸 광둥성 당위원회 서기 자리에 앉혔다. 광둥성은 중국 최대의 경제력을 자랑하는 성이며 베이징에서 2,200km나 떨어진 광저우에 두면 시진핑 새 총서기에게 실각당할 위험도 줄일 수 있다는 부모의 마음 때문이었다. 실제로 공청단 출신자를 뜻하는 '단파'의 형처럼 모시던 리커창 총리가 후춘화 광둥성 당 위원회 서기의 보호 역할을 맡았다.

그로부터 5년, 2017년에 제19회 공산당대회를 맞았을 때 후춘화 서기가 당 상무위원회(톱 7)에 올라갈 수 있느냐에 초점이 몰렸다. 올라가면 다음 2022년 제20회 공산당대회에서 시진핑 총서기를 대신해 최고 지도자인 당 총서기를 차지하는 길이 열린다.

이때 후춘화 서기를 당 상무위원으로 승진시키고 싶지 않은 시진핑 총서기가 먼저 승부수를 띄웠다. 19회 당대회를 3개월 후로 앞둔 같은 해 7월, 후춘화 서기와 나란히 혁명 6세대의 유망주라고 한 쑨정차이(孫政才) 당 중앙정치국 위원 겸 충칭시 당위원회 서기를 '부패분자'라고 평가해 실각시키고 감옥에 처넣었다. 이른바 '본때를 보여주는 인사'였다.

이에 벌벌 떤 후춘화 서기는 한 가지 계책을 고안했다. 앞에서 말한 공산당 관계자가 말했다.

픽미 픽미 픽미 업!

"이 사건 직후 후춘화 서기는 시진핑 총서기에게 편지를 썼다. '자신은 미숙한 사람이라서 아직 당 상무위원이 될 자격이 없으며 지방이나 농촌의 일에 매진하고 싶다'라는 내용이었다. 그러나 조건을 들어 '(공산당 중앙위원회 기관지인) 〈런민르바오〉에 이 4년 몇 개월의 광둥성 경제 발전 모습에 관해 쓰게 해달라'고 청원했다. 시진핑 총서기는 이를 승낙했다."

즉 19회 당대회는 후춘화 서기의 '부전패'였다. 약속대로, 같은 해 8월 30일자 〈런민르바오〉에서 경제 성장을 이룬 광둥성의 모습에 대한 기사를 썼다. 그리고 19회 당대회에서 시진핑 총서기는 장기 정권을 시사하는 3시간 20분에 달하는 대연설을 하고 혁명 6세대를 당 상무위원으로 승진시키지 않았다.

후춘화는 이듬해 2018년 3월 농촌 담당 부총리로 취임했다. 부총리 4명 중 세 번째다.

그로부터 또 4년 넘게 자복하며 때를 기다렸고 2022년 7월 27일 승부를 걸었다. 〈런민르바오〉의 6면에 지면의 5분의 3이나 사용한 서명 기사를 기고한 것이다. 자신이 담당하는 '3농', 즉 농업, 농촌, 농민 문제에 관한 내용이었는데 거기에는 '시진핑'이 51번(!)이나 등장했다. '시진핑 총서기의 속 깊은 시혜와 간절한 애성이 뿌리내려서……'라고 하며 마치 신처럼 받들었다.

나는 이 장문의 기사를 정독하고 후춘화 부총리의 의도를 이해했다. '한때 마오쩌둥 주석에게 (부동의 2인자) 저우언라이周恩來 총리가 있었듯이 나는 시진핑 주석의 저우언라이 총리가 되겠습니다'라고 어필한 것이다.

생각해보면 시진핑 국가 주석과 리커창 총리가 함께 2013년 3월에 출범한 정권이지만 '양웅'은 어디까지나 '물과 기름'이었다. 그런 가운데 2023년 3월에 퇴임하는 리커창 총리를 대신해 꼭 자신을 차기 총리로 뽑아 달라는 뜻이다. 시진핑 총서기는 자신보다 열 살이 어리고 재능 넘치는 후춘화 부총리를 경계한다고 보이지만 그런 격정은 쓸데없다고 말하고 싶다.

나는 후춘화라는 정치가를 저우언라이 총리와 덩샤오핑 군사위원회 주석을 더해 2로 나눈 인물이라고 본다. 후춘화가 제20회 공산당 대회에서 강등된 점이 매우 유감스럽다.

20. 약속은 깨지기 위해서 있다?

일국양제 一国两制 / 한 **일**, 나라 **국**, 두 **양**, 규정 **제**

〔이궈량쯔〕

① 일국양제, '한 국가 두 체제'라는 뜻으로, 중국이 하나의 국가 안에 자본주의
와 사회주의 체제를 모두 인정한다는 방식을 말한다.

¶이궈량쯔(一国两制)는 1997년 중국에 귀속된 홍콩과 1999년 귀속된 마카오
에 적용되고 있다.

20세기의 중국에 매우 지혜롭고 총명한 리더가 있었다. 그의 이름은
덩샤오핑(1904~1997년)이라고 한다.

미국 최고의 동아시아 연구자로 존경받은 에즈라 보겔 하버드대
학교 명예교수(Ezra Feivel Vogel, 1930~2020년)는 일본에서는 《Japan as
Number One》등의 저서로 유명한데 노년에는 '아무리 해도 덩샤오
핑에 대해 쓰지 않으면 죽을 수 없다'라고 말했다. 그리고 유작으로

《덩샤오핑 평전 – 현대 중국의 건설자》(민음사, 2014년)를 출판했다.

나는 보겔 교수가 서거하기 전에 "덩샤오핑의 어떤 점이 당신의 마음을 그 정도로 사로잡았습니까?"라고 물어봤다. 그러자 그는 빙긋 웃으며 이렇게 대답했다.

"덩샤오핑은 키 150센티미터 정도의 몸집이 작은 남자지만 정치, 군사, 경제, 외교, 지방 등 모든 분야에서 최고 자리에 섰고 뛰어난 실적을 올렸습니다. 또 정책은 과감하지만 아무도 반대할 수 없게 세심한 주의를 기울여 실행했지요. 이처럼 기개와 도량이 큰 구상을 하는 정치가는 서구권에도 존재하지 않습니다. 덩샤오핑은 확실히 20세기 최고의 정치가입니다."

그야말로 격찬이었다. 그런 덩샤오핑의 '기개와 도량이 큰 구상' 중 하나가 '이궈량쯔一国两制'다. '일국양제' 또는 '한 나라 두 제도'라고 번역할 수 있겠다.

'한 나라 두 제도'라고 하면 홍콩을 떠올리는 사람이 많을 것이다. 하지만 원래는 덩샤오핑이 타이완 통일을 위해 발명한 제도였다.

1981년 6월 덩샤오핑 부총리는 당중앙군사위원회 주석으로 취임해 인민해방군을 완전히 장악했다. 그리고 같은 해 9월 '맹우' 예젠잉叶剑英 전국인민대표대회 상무위원장(국회의장에 해당)의 이름으로 타이완에 통일을 위한 '9항목 제안'을 했다. 그중 '통일 후 특별행정구 설정'과 '타이완 제도의 불변'이 포함되었다. 이것이 이궈량쯔의 모형이다.

타이완(중화민국)은 일본이나 미국과 같은 자본주의로 중국식 사회주의를 혐오했다. 그렇다면 사회주의 속에 자본주의가 있어도 되지 않겠냐고 덩샤오핑은 주장했다. 역시 억척스러운 사회주의 체제 속에서 '검은 고양이든 흰 고양이든 쥐를 잡는 고양이는 좋은 고양이다'[21]라고 단언한 남자다.

당시 중화민국의 총통은 한때 모스크바에 있는 소련의 코민테른(국제 공산당이 중국인에게 공산주의를 교육하기 위해 창설한 대학교)에서 덩샤오핑과 동급생이었던 장징궈蔣経国였다. 그는 장제스蔣介石 총통의 장남이었다. 두 사람은 청년 시절에 절친이었기 때문에 덩샤오핑은 이궈량쯔라는 비장의 수단을 가지고 나오면 타이완도 응할 것이라고 기대했다.

그런데 장징궈 총통은 덩샤오핑의 제안을 완전히 무시했다. 그래도 덩샤오핑은 포기하지 않았다. '그렇다면 이궈량쯔의 성공 사례를 타이완과 가까운 곳에 만들어서 보여주자'라고 생각했다.

당시 중국은 영국과 홍콩 반환을 둘러싸고 격렬한 외교전을 펼쳤다. 1840~1842년의 아편전쟁에 패배한 청나라(중국)는 난징조약으로 홍콩섬을 영국에 양도했다. 1860년에는 베이징 조약으로 가우룽九龙반도를 양도했다. 또한 1898년에는 신제新界 조차 조약으로 신제를 99년 동안 조차했다. 영국은 확실히 국제사회의 보는 눈이 있어서 양도를 요구하지 않았지만 '99년 조차'는 양도와 거의 같은 뜻으로 받아들였을 것이다.

하지만 약속의 99년이 끝나려고 했을 때 중국의 최고 지도자는 '20세기 최고의 정치가'라고 보겔 교수가 보증한 덩샤오핑이었다. 1984년 12월 영국 마거릿 대처 총리와의 중영 정상회담에 임한 덩샤오핑은 가래침을 마구 뱉어대며 위협했다.

"조차 기한이 끝나는 1997년 7월 1일 신제뿐만 아니라 홍콩섬과 가우룽반도도 반드시 중국에 반환하라. 영국이 거부한다면 이 시각 이후로 인민해방군을 파견해 무력으로 반환을 실현하겠다."

이 말에 포클랜드 분쟁으로 아르헨티나에서 영토를 빼앗아 이름을 떨친 '철의 여인'도 완전히 항복했다. 그래서 '홍콩인은 아무도 사회주의를 바라지 않는다'라고 거부했다. 그러자 덩샤오핑은 이렇게 쐐기를 박았다.

"중국에 반환해도 홍콩의 자본주의는 50년 동안 바꾸지 않겠다. 이러면 되겠는가?"

이렇게 해서 '홍콩 헌법' 즉 〈홍콩 기본법〉이 제정되어 제5조에서 '50년 불변'을 강조했다.

1997년 여름 홍콩 반환이라는 세기의 이벤트는 나도 힘써 취재했다. 공교롭게도 전날 밤부터 현지는 비가 억수로 쏟아졌다. 홍콩인의 얼굴에는 웃음이 없었고 "이 비는 우리의 눈물입니다"라고 말했다. 반환을 계기로 부유층을 중심으로 약 30만 명이 홍콩을 떠났다.

7월 1일 오전 0시 신제의 산 쪽에서 굉음이 울려 퍼졌다. 광둥성 선전에서 인민해방군이 몰려들었다. 통치체제가 바뀐다는 것은 군대가 들어오는 것이라는 사실을 이때 알았다. 덩샤오핑은 그 5개월 전에 92세의 나이로 서거했고 막 완성된 홍콩 컨벤션&엑시비션 센터에서 거행된 반환 기념식전은 장쩌민 주석이 주빈이었다.

홍콩은 반환 후에도 우여곡절이 있었다. 그리고 50년 불변의 반환점에 해당하는 2022년 7월 1일 같은 회장에서 열린 반환 25주년 기념식전의 주빈은 시진핑 주석이었다.

시진핑 주석은 이귀량쯔를 제멋대로 환골탈태하는 지도자로 홍콩인 730만 명이 두려워한다.

전임 후진타오 정권은 2007년 '10년 후의 보통선거'를 약속했다. 그러나 2014년 8월 시진핑 정권은 정반대의 방침을 발표했다. 이에 분노한 홍콩의 청년들은 79일 동안 '우산 혁명'이라고 하는 항의 활동을 전개했지만 결국에는 경찰에 체포당했다.

2019년 6월부터는 최대 200만 명이나 되는 홍콩 시민이 시위를 진행하며 '5대 요구 사항을 단 하나라도 빼지 말라'[22]를 표어로 삼았다. 5대 요구란 용의자를 중국 대륙으로 연행할 수 있는 도망범 조례 개정 철회, 데모를 '폭동'으로 보는 홍콩 정부 견해 철회, 경찰의 폭력에 대한 독립 조사위원회 설치, 체포 및 구속된 시위 참가자의 즉시 석방, 그리고 행정장관(홍콩 대표)과 입법회(의회)의 보통선거 실시다. 하지만 홍콩 경찰은 6개월 동안 6천 명이 넘는 시민을 구속했으며 1만 발이 넘는 최루탄을 쏘며 시위를 진압했다.

2020년에 들어서자 시진핑 정권이 역습에 나섰다. 3월 신종 코로나바이러스 방지대책을 구실로 5인 이상의 집회를 금지하는 '집회 제한령'을 발령하고 6월에는 〈홍콩 국가 안전 유지법(국안법)〉을 제정했다.

6장 66조로 이루어진 국안법은 시진핑 정권에게 거스르는 홍콩인을 최고 무기징역형에 처한다는 충격적인 법률로 홍콩인은 '화성법'이라고 야유했다. 화성에서 화성인이 시진핑 주석을 욕해도 유죄가 되는 조항(38조)이 포함되어 있었기 때문이다.

국안법 제정을 계기로 '자유 도시' 홍콩의 분위기는 완전히 달라졌다. 이듬해 2021년 3월 베이징 전국인민대표대회(국회에 해당)는 기존의 '홍콩인이 홍콩을 다스린다'[23]를 '애국자가 홍콩을 다스린다'[24]로 바꿔 썼다. 6월에는 반중적인 〈핑궈르바오苹果日报〉를 폐간하고 간부들을 투옥했다. 12월 입법회 선거에서는 '애국자 인정'을 한 후보자만 출마시켜서 90의석 모두 '친중파'(건제파)로 바꿔 버렸다.

또한 일방적으로 2022년 5월 8일 행정장관 선거를 실시했다. 시진핑 주석의 '충신'이며 2019년 시위 탄압 책임자였던 홍콩 경찰 출신의 리자차오(李家超, 존 리)가 유일한 후보자가 되어 애국자로 뭉친 선거 추천인 1,500명의 투표자 중 99.2%의 표를 얻어 당선되었다. 리자차오 장관에게 홍콩인이 붙인 별명은 '홍콩의 푸틴'이다.

7월 1일 새 행정장관의 임명을 받아 단상에서 엎드려 고개를 숙인 홍콩의 푸틴을 앞에 두고 시진핑 주석은 황제인 척하는 태도로 30분이 넘는 '중요 담화'를 발표했다. 연설에서 '이궈량쯔'를 스무 번이나 연발했지만 잘 들어보면 '이궈 一国'의 발음을 강조했다.

시진핑 정권의 표어는 '중화민족의 위대한 부흥'이라는 중국의 꿈 실현'이며 '위대한 부흥'이란 앞에서 말했듯이 아편전쟁과 청일전쟁 전의 상태로 되돌린다는 뜻이다. 그래서 '그레이터 베이 에리어'라고 하는 광둥성, 홍콩, 마카오 일체화 구상을 추진하고 있다.

그러나 〈국안법〉을 두려워한 홍콩에서는 부유층을 중심으로 이미 10만 명 이상이 탈출한 상태다. 타이완인 사이에서는 '홍콩식의 한 나라 두 제도는 딱 질색이다'라는 공통 인식이 생겼다.

'한 나라 두 제도의 아버지'는 풀잎 그늘에서 무엇을 생각할까?

21. 덩샤오핑이 저지른 보기 드문 실수

삼해정책 三孩政策 / 석 삼, 어린아이 해, 정사 정, 꾀 책
〔산하이쩡처〕
① 세 자녀 낳기 정책. 2021년 8월 20일 '인구 및 계획 출산법'을 개정해 셋째
　아이의 출산을 장려하는 시진핑 정권의 정책.
¶중국에서는 앞으로 산하이쩡처(三孩政策)가 시행된다.

'건국의 아버지' 마오쩌둥 주석이 1976년에 서거한 후 최고 권력자가
된 덩샤오핑은 불굴의 정신으로 개혁 개방 정책을 추진했다. 문화대
혁명으로 '아시아 최빈국'이 된 중국은 덩샤오핑의 지도력에 의해 아
시아 최강의 경제 대국으로 가는 길에 매진했다.

　덩샤오핑이 지혜롭고 총명한 리더였다는 사실은 앞의 항목에서도
말했지만 사실은 실책 두 가지를 저질렀다.

하나는 1989년 6월 4일 톈안먼 사건이다. 앞에서 설명했듯이 덩샤오핑의 명령이 내려와 인민해방군의 전차부대를 베이징에 진입시켰다.

덩샤오핑이 저지른 나머지 실책은 장기간에 걸친 '한 자녀 정책'이다. 중국어로는 '지화성위(计划生育, 산아 제한, 계획 출산)'라고 한다.

덩샤오핑에게는 자녀가 5명이나 있었다. 그런데도 1949년 신중국 건국 후 마오쩌둥 주석이 '낳자, 늘리자'라는 표어를 내걸자 강경하게 반대한 유일한 사람이다. 부총리 겸 재정장관이었던 1953년에는 〈피임 및 인공 유산 변법〉을 발령해 필사적으로 인구 증가를 억제하려고 했다.

'우리나라는 해마다 인구가 1,500만 명이나 증가하고 있고 이대로 가면 건전한 경제 발전을 할 수 없다'

덩샤오핑 부총리의 주장은 명쾌했다. 감자 100개를 100명이 나누면 1인당 1개를 먹을 수 있지만 500명으로 나누면 5분의 1이 된다는 것이다.

중국에서는 고대 춘추전국시대부터 '인구는 바로 재산이다'[25]라고 간주했으며 '인구가 증가하면 나라가 강해지고 호적이 감소하면 나라가 곧 쇠퇴한다'[26]라고 했다. 인구가 증가하면 조세와 병역을 늘릴 수 있기 때문이다. 그래서 호적 제도를 정하고 국민에게 이름을 부여했다. 그때부터 한자가 전국으로 보급되었다.

고대부터 이러한 상식이 이어졌기에 덩샤오핑의 지론에 귀를 기울이는 간부는 없었으며, 인구는 건국 시의 약 5억 4천만 명에서 착실히 증가했다. 출생 수가 절정을 맞은 때인 1960년대에는 연간 2,500만 명이 넘는 아기가 태어났다.

그런데 마오쩌둥 주석이 서거한 지 2년 후 중국 공산당을 완전히 장악한 덩샤오핑은 전부터 주장한 지론을 실행에 옮긴다.

1981년 3월 국가계획생육위원회라는 중앙관청을 신설했고 전국에서 10만 명이 넘는 공무원이 '한 자녀 정책' 추진에 종사하게 되었다.

이듬해 1982년 9월에 열린 제12회 중국 공산당대회에서 한 자녀 정책을 당의 지침으로 규정했다. 그 3개월 후에 시행한 새 헌법에서는 제25조에서 이렇게 규정했다.

'국가는 한 자녀 정책을 추진 실행하고 인구 증가를 경제 및 사회의 발전 계획에 적응시키도록 한다.'

부부가 낳는 아이의 수를 헌법으로 정한 나라는 세계가 넓다고 해도 중국뿐일 것이다. 그야말로 덩샤오핑의 집념이라고 할 수 있겠다.

그래서 1980년대 이후에 태어난 중국인은 거의 다 외동이다. 내 친구의 지인 중에 아주 간혹 형제가 둘이라는 사람이 있는데 그런 경우는 소수 민족이거나 거액의 벌금을 내고 낳은 사례다.

한 자녀 정책은 처음에 개혁 개방 정책과 함께 긍정적인 면만 강조되었다. 하지만 1997년 덩샤오핑이 서거하고 21세기에 들어서자 그 여파가 나타나기 시작했다.

예를 들면 앞에서 말했듯이 '스얼이지아팅四二一家庭'이라는 말이 유행어가 되었다. 부모와 조부모(4인의 조부모)가 외동아이를 키우는 가정이라는 뜻이다. 그렇게 자라 '샤오황디'나 '샤오궁주'로 불리며 제멋대로 행동하는 아이들이 생겨 사회 문제가 되었다.

나도 중국에서 친구 집에 방문하면 '흉포한 외동아이' 때문에 당혹스러울 때가 종종 있었다. 조금이라도 뜻대로 되지 않는 일이 있으면 큰소리로 소동을 부리며 부모를 굴복시키는데 마치 미니 고질라 같다.

베이징의 유치원을 견학했을 때 원장 선생님은 "지금 가장 큰 문제는 '얼퉁페이팡儿童肥胖'이에요"라고 했다. 딱 들어맞게 번역하면 '소아 비만'이다. 확실히 꽤 많은 유치원생이 미니 씨름선수 체형이라 교실은 마치 어린이 씨름판 같았다.

또한 농촌에서는 여자아이가 태어나면 호적에 넣지 않거나 죽였기 때문에 남자아이만 늘어났다. 2010년 신생아 남녀 비는 118.64대 100이었다! 놀랍게도 남자아이가 여자아이보다 20% 가까이 많았다.

그 때문에 현재로는 3천만 명이나 되는 중국인 청년이 '성난剩男'이라고 한다. 노총각이라는 뜻이다. 동남아시아나 끝내는 아프리카까지 아내를 찾으러 가는 중국인 남성도 있을 정도다.

참고로 성난이라는 말은 일본과 약간의 관계가 있다. 사카이 준코酒井順子의 베스트셀러 《네, 아직 혼자입니다》(레몬컬처, 2018년)의 '마케이누(負け犬, 싸움에 진 개)'라는 말을 타이완판에서는 '바이촨敗犬'이라고 번역했고 중국 대륙판에서는 '상지아촨(喪家犬, 상갓집의 개)'이라고 번역했다. 전부 고령의 미혼 여성을 가리키는 말이다. 그러나 양쪽 다 딱 어울리지 않았는데 2007년 '성뉘剩女'라는 신조어가 탄생했다. 성뉘는 노처녀를 의미하고 그 남성판이 '성난'이다.

중국에서는 역삼각형 꼴의 저출산 고령화의 비뚤어진 인구 피라미드 사회가 근미래에 찾아올 것이다. 2049년 신중국 건국 100주년을 축하하는 사람은 5억 명이나 되는 고령자들이다. 중국은 그야말로 세계 최대의 노인 국가다.

이러한 점에 공포를 느낀 시진핑 정권은 여러 가지 시행착오를 거쳐서 2016년 정월부터 〈인구 및 계획 출산법〉을 개정 시행했다. 전면적인 '두 자녀 정책'으로 전환한 것이었다. 한 가정당 두 자녀를 인정한다는 뜻이다.

하지만 2022년 시점에서 40세 이하의 중국인은 대부분이 외동으로 자랐기 때문에 갑자기 두 자녀 정책이라고 해도 당황하는 젊은 사람들이 많다. 만혼화도 진행되어 2020년 첫 아이 출산 시의 평균 연령은 29.13세까지 상승했다.

애초에 코로나 사태의 영향으로 경기가 최악인 데다 높은 물가 때문에 생활비가 치솟아서 두 자녀를 키울 여유가 있는 가정이 많지 않다.

2022년 1월 17일 1년에 한 번 열리는 회견에 임한 닝지저寧吉喆 국가통계국장은 '작년 출생 수는 1,062만 명이며 그중 약 43%가 둘째 아이였다'라고 설명했고 정부의 두 자녀 정책이 침투했음을 강조했다. 그러나 2020년의 출생 수는 1,254만 명이었기 때문에 1년 동안 192만 명이나 감소한 것이 된다. 이는 일본의 2021년 출생 수 81.2만 명의 약 2.4배에 해당하는 숫자다. 그에 대해서는 안절부절못하며 변명했다.

"출산 연령인 여성의 수가 감소했고 출산 관념도 달라져서 만혼화가 진행된 데다 코로나19 사태도 일어나서……"

그래도 언제 어디서나 강경한 태도를 보이는 것이 시진핑 정권의 특징이다. 2021년 8월 20일 〈인구 및 계획 출산법〉을 다시 한 번 개정해 셋째 아이의 출산을 장려하게 되었다. '세 자녀 정책'이 시작되었다. 중국어로 아이는 하이즈孩子라고 해서 이를 '산하이찡처'라고 부른다.

같은 해 12월 9일 중국 공산당 산하의 중국 보도 네트워크는 '세 자녀 정책을 실행하는 당원 간부의 적절한 행동'을 발표했다.

"각 당원 간부들은 이러저러한 주관적인 원인으로 결혼과 출산을 거부할 수 없다. 또 이러저러한 원인으로 한 자녀 또는 두 자녀만 키우게 하면 안 된다. 세 자녀 정책을 실행히는 것은 각 당원 간부들이 국가의 인구 발전 책임을 지는 것이며 국가의 인구 발전 의무를 이행하는 것이기도 하다.

자신의 가족과 주위 사람들이 이러저러한 구실을 마련해 한 자녀나 두 자녀로 끝내는 것을 묵인하거나 방임하는 행동은 절대로 허락할 수 없다."

확실히 방침이 180도 전환했다. 하지만 '강제적으로 실시한다'는 공산당의 태도만큼은 어느 시대나 달라지지 않는다.

22. 노란색, 황제의 색에서 사창가의 색으로

소황타비 掃黃打非 / 쓸 **소**, 누를 **황**, 칠 **타**, 아닐 **비**
〔사황다페이〕
① '음란물을 소탕하고 비합법 활동에 타격을 가한다.' 사황다페이(掃黃打非)
   캠페인이라고 하며, 음란 영상 불법 출판물 퇴출 운동을 지칭한다.
¶시진핑 시대의 '사황다페이(掃黃打非) 캠페인'은 아무런 예고도 없이 2014년 2
월 9일 CCTV의 충격 영상으로 시작되었다.

중국인은 예부터 특정한 '색'을 소중히 여겼다. 예를 들면 중국을 최
초로 통일한 진의 시황제(기원전 259~210년)는 '검은색'을 진의 '국가
색'으로 정했다. 그렇게 되면 누구나 송구해서 검은 옷을 입을 수 없
다.

이러한 습관은 중국의 고대 철학인 오행 사상에서 온다. 천하 만물
은 '목(나무), 화(불), 토(흙), 금(쇠), 수(물)'의 다섯 가지로 이루어진다

고 말한다. '목'은 동東, 춘春, 청青을, '화'는 남南, 하夏, 적赤을, '금'은 서西, 추秋, 백白을, '수'는 북北, 동冬, 흑黑을 의미하기도 한다. 그리고 모든 방위, 계절, 색을 한데 묶는 중심에 존재하는 것이 '토(중앙, 노란색)'라고 했다.

세계의 중앙, 중심에 위치하는 중국 대륙의 흙은 황토다. 그래서 최고 통치자는 '황제黃帝 – 황제皇帝'이며 황제는 황룡포(용 무늬가 있는 노란색 장옷)를 입고 정무를 담당했다. 이러한 노란색 숭배는 시대와 함께 점점 진화하여 명·청 시대의 왕궁인 베이징의 자금성은 지붕 기와를 전부 노란색으로 통일했다.

그런데 1911년 신해혁명이 일어나고 이듬해 2월에 6살의 황제 푸이溥仪(선통제)가 퇴위했다. 2134년 동안 끊임없이 이어진 황제 시대가 끝났다.

그 후 20세기 초 군웅할거시대를 거쳐 1949년 마오쩌둥 주석이 거느리는 중국 공산당이 중심이 되어 지금의 중국을 건국하자 성스러운 색은 '붉은색'으로 바뀌었다. 공산당에게 붉은색은 피의 색, 혁명과 정의의 색이다. 현재도 시진핑 총서기는 중요 행사에 임할 때 반드시 빨간 넥타이를 착용한다.

동시에 한때 성스러운 색이었던 검은색과 노란색은 '악의 색'으로 멸시 당했다.

마오쩌둥 주석은 '인민의 적'인 지주, 부농, 반혁명분자, 악질분자, 우파분자에게 '헤이우레이黑五类'라는 딱지를 붙여서 규탄했다. 참고로 칭찬해야 하는 '훙우레이紅五类'라는 것도 있는데 이는 노동자, 농민, 혁명 간부, 혁명 군인, 혁명 열사다.

한편 노란색은 영어의 '옐로Yellow'와 같은 저속한 의미를 넘어서 부패와 타락, 음란을 나타내는 색이 되었다. 명나라 말기인 1600년 무렵에 쓰인 저자를 알 수 없는 소설 《금병매(진핑메이,金瓶梅)》에 나오는 여성 6명과 애욕으로 넘치는 주인공 서문경西门庆과 같은 남자가 '황색 인물'이다. 이 책을 마오쩌둥 주석 개인은 애독했지만 국민 전체에 대해서는 금서 조치를 풀지 않았다.

장쩌민 시대가 되고 5년 이 지난 1994년 가을, 중국 공산당 내에 '사황다페이掃黃打非 소그룹'이 만들어졌다. '사황掃黃'은 음란물을 소탕하는 것이며 '다페이打非'는 비합법적인 것에 타격을 주는 것이다. '가을바람은 낙엽을 한꺼번에 제거한다'라는 멋진 표어를 만들어서 기한 한정의 일제 단속을 시작했다.

단속의 효과는 즉각적으로 나타나서 곧 매춘 마사지숍의 운영자나 매춘부, 해적판 AV(성인비디오)업자 등을 계속 적발했다. CCTV(중국중앙텔레비전)의 뉴스와 〈런민르바오〉의 지면을 장식했다.

하지만 남의 일처럼 보던 나도 이듬해에는 당사자가 되고 말았다. 이미 시효가 지났으니 조금 부끄러운 체험담을 고백하겠다.

1995년 9월부터 나는 베이징대학교에 유학했는데 얼마 지나지 않아 나쁜 친구가 생겼다. 그는 일본의 공적 기관에서 파견됐는데 기자가 무색해질 정도로 호기심이 많은 호걸이었다. 밤마다 외출해서 한밤중에 유학생 기숙사로 돌아왔다. 어느 날 물어보자 시원스럽게 고백했다.

"중국에는 31개의 지역이 있잖아. 너무 넓어서 다 돌 수 없어. 그래서 매일 밤 각 지역의 매춘부를 상대하기로 했지. 이렇게 한 달만 지나면 중국 전역을 제패할 수 있지 않겠어? 각지의 특징도 체감할 수 있다고."

나는 이해가 될 듯 말 듯 했다. 아무튼 하룻밤 그와 동행해 봤다.

시내 챠오양구朝阳区 모처에 남몰래 서 있는 아주 수상쩍은 마사지 숍이었지만 가게 안은 성황이었다.

휴게실에서 한참 기다리며 조금 지저분한 중국 잡지를 보고 있는데 커다란 소리가 들렸다. 돌아보니 권총을 쥔 공안(경찰) 스무 명 정도가 일제히 밀려들었다.

"모두 양손을 벽에 대고 뒤돌아 서!"

실내에 비명이 울려 퍼졌다. 남자든 여자든 점원이든 손님이든 만세 자세를 취하고 벽가에 섰다. 무슨 영문인지 모르겠다.

내 검문 차례가 되었다. 공안 한 명이 소니 핸디캠을 작동시켰고 다른 한 사람이 가방과 주머니에 들어 있는 지갑을 샅샅이 들췄다. 학생증이 발견되었다.

"너는 베이징대학교 유학생인가?"

"네"

"유학생이 왜 이런 시간에 이런 장소에 있어?"

"공부하다 피곤해져서 마사지를 받으려고……."

그러는 동안 내 뇌리를 스친 것은 베이징대학교의 일본인 유학생들 사이에서 그럴듯하게 전해지는 도시 괴담이었다. 그것은 매춘행위를 한 외국인은 여권에 '매춘 행위로 국외 추방'이라고 적힌 노란색 도장을 찍어준다는 것이다. 빨간 표지의 여권에 노란색 낙인이라니…….

"너희 둘은 당장 여기서 나가!"

우리는 헐레벌떡 가게를 나와서 택시를 잡아타고 베이징대학교로 돌아왔다. 차 안에서 이 나쁜 공무원 친구는 큰소리쳤다.

"결국 옷을 입었느냐 벗었느냐, 콘돔을 꼈느냐가 명암을 갈랐군. 오늘은 많이 배웠어."

그로부터 명랑한 후진타오 시대를 거쳐 '우는 아이도 뚝 그치는' 시진핑 시대로 바뀌었다.

시진핑 시대의 '사황다페이 캠페인'은 아무런 예고도 없이 2014년 2월 9일 CCTV의 충격 영상으로 시작되었다. 뉴스 특집 방송 〈신원즈보젠新聞 直播间〉이 30분에 걸쳐 광둥성 둥관東莞시의 '매춘굴 잠입 르포'를 방영했다.

몰래 카메라를 장착한 남성 기자가 손님으로 위장해서 시내 호텔 바에 들어가는 모습부터 영상이 시작된다. 가게 안 중앙 무대에서는 망측한 모습을 한 매춘부들이 허리를 흔들거나 다리를 올렸다. 각각 허리에 번호를 붙이고 있었는데 객석에서 지명하면 900위안(한화 약 17만 원)

에 팔렸다. 즉 위층의 객실로 가서 매춘 행위에 이르는 것이다.

시내의 다른 호텔에서는 숙박비에 '매춘부 2명'이라는 매춘 대금도 포함되어 있었다. 그녀들은 방에 들어오자 인사 대신 누드 댄스를 선보였고 3P가 시작되었다……

방송에서는 비슷한 호텔 6곳이 등장했다. 기자는 매춘 현장을 몰래 찍을 때마다 성실하게 공안에 통보하며 "○○ 호텔에서 지금 위법 행위인 매춘을 하고 있습니다"라고 알리지만 공안은 "그래요?"로 끝이었다. 아마 공안이 사복 차림으로 가면 무료로 초대받았을 것이다.

이런 전대미문의 폭로 방송이 갑자기 전국에 방영된 둥관시는 벌집을 쑤신 것처럼 소동이 일어났다. 쉬젠徐建 당위원회 서기(시 대표)는 다음날 아침 당의 당무위원회를 소집해 직접 소그룹장이 되어 '사황 소그룹'을 만들었다. 같은 날 둥관시 공안국은 시내 1,948군데의 시설을 일제히 단속했다.

광둥성 공안국도 같은 날 밤에만 6천 곳이나 되는 마사지숍과 노래주점 등을 수사했다. 사흘 동안 1만 8,372곳을 적발했고 920명을 구속했다고 발표했다.

그야말로 일벌백계였다. 그로부터 8년이 지났고 이제는 매춘부인 샤오제가 소멸한 줄 알았더니 2022년 7월 20일 CCTV는 '올해 상반기 사황다페이로 5,200여 건을 적발했으며 그중 850여 건을 형사 사건으로 넘겼다'고 보도했다. 코로나19 사태로 매춘 숙박이 줄었지만 인터넷의 음란물 동영상 서비스가 증식했다고 한다.

생각해보면 중국에는 은나라 주왕의 시대(기원전 1,100년경)부터 주지육림 일화가 있다. 당대의 현동 황제 시대를 백거이가 노래한《장한가》에도 '후궁 미녀 3천 명'[27]이라는 대목이 나온다.

그런 전통이 있는 나라에서 시진핑 정권이 내건 제로 관용 정책인 사황다페이는 가능할까? 음, 중국에는 '물이 너무 맑으면 물고기가 없다'[28]라는 성어도 있다.

초산 秒删 / 분초 초, 깎을 산
(먀오샨)
① 당국에서 부적절하다고 판단한 특정 인터넷 기사를 1초 안에 삭제 처리한다
는 뜻이다.
¶ 이 기사를 본 나는 기가 막혀서 즉시 저장했는데 눈 깜짝할 사이에 '먀오샨(秒
删)' 당했다.
㊦ 문화 검열

'산删'이라는 한자는 일본의 상용한자에는 없지만 '삭제하다, 줄이다'
라는 뜻이다. '책册'은 대나무 여러 개를 엮어 만든 죽간, '도刂'는 칼
을 나타낸다.

아직 종이가 발명되지 않았던 고대에 글자는 먹을 묻힌 붓으로 죽
간에 썼다. 오자가 생기면 칼로 깎았다. 중국 24사의 최고를 장식하
는 《사기》 130권, 52만 6,500자도 사마천(기원전 145~86년경)이 이런

방법으로 썼다.

《사기》를 1권만 읽으면 위화감을 느끼는 부분이 있다. 〈효무본기 제십이孝武本紀第十二〉는 사마천과 같은 시대를 산 무제(기원전 156~87년)에 대해 기록한 권이다. 무제는 한제국의 영토를 가장 크게 넓힌 7대 황제로 그의 치세는 54년에 달했다.

이 권에서 사마천은 무제를 칭찬한다. 얼마나 위대한 황제인지 계속 적었다. 다른 권은 역사의 남몰래 간직한 특종이 가득하며 심오한 통찰을 토대로 썼기에 이 권은 분명히 '사정이 있는 권'이다.

중국어로 '하나의 산에 두 마리의 호랑이가 살 수 없다'[29]라는 말이 있다. 비슷한 의미로 '두 영웅이 함께 존재할 수 없다'[30]라는 말도 있다. 아, 이 말도 《사기》가 원전이다.

무제는 그 이름 그대로 현재 신장 위구르 자치구 부근을 제압한 무위의 황제로서 용감하다는 명성을 떨쳤다. 중앙아시아산 명마를 여러 마리 가지고 있었고 승마가 취미였다. 또 중앙아시아를 넘어서 서로마제국과도 실크로드를 통해 교역했다. 와인에 푹 빠져서 궁중에 양조장을 만들게 했을 정도다.

한편 사마천은 역사, 천문(달력)을 대대로 담당하는 명문가에서 태어났다. 그의 관직인 '태사공'으로 이름을 떨쳤고 당대에 으뜸가는 지식인이었다.

하지만 이 두 영웅은 정말 사이가 안 좋았다. 무제의 관점에서 보면 말만 많은 사마천이 성가셨다. 사마천의 관점에서 보면 무제의 본성은 현명한 황제와 거리가 멀어서 도저히 존경할 수 없었다.

그런 와중에 사건이 일어났다. 천한 2년(기원전 99년) '이릉의 화'였다.

무제의 흉노 정벌 전선 부대를 맡은 이릉 장군이 이광리 장군을 돕기 위해 병사 5천 명을 거느리고 흉노의 배후를 친다. 하지만 돌아오는 길에 흉노군 8만 명에게 에워싸여 포로가 되고 만다. 이 소식을 들은 무제는 격분했다.

이때 사마천이 유일하게 이릉 장군을 옹호했다. 사마천은 이릉과 일면식도 없었지만 정세를 객관적으로 판단해 이릉에게 결점은 없으며 훌륭한 국사라고 말했다.

이 일로 무제는 이릉을 대신해 사마천을 단죄하고 궁형을 선고했다. 고대 중국의 형벌은 '오형'이다. 가벼운 순으로 '경형(얼굴이나 몸에 죄명을 문신한다)', '의형(코를 벤다)', '월형(한쪽 발을 잘라낸다)', '궁형(성기를 잘라낸다)', '대벽(사지를 수레에 묶어 찢는다)'. 사마천은 그 네 번째에 해당하는 중형에 처해졌다.

그리고 형을 마치고 의기소침한 무렵에 쓴 것이 〈효무본기〉였다. 생각건대 사마천은 무제를 필요 이상으로 칭찬해서 무력하게 만들었다. 얼마나 위대한 황제인가, 이래도 부족하냐는 식으로 나열해서 오히려 어리석은 황제의 모습을 암시하는 고등 전술이다. 사마천이야말로 '칭찬으로 상대방 죽이기'의 원조라고 할 수 있다.

다른 설을 주장하는 중국 학자도 있다. 일단 비교적 솔직하게 썼는데 전문을 삭제하라는, '첸샨全删'을 명령받아서 어쩔 수 없이 칭찬했다는 설이다.

진상은 여전히 미궁에 빠진 상태지만 알아낸 사실이 있다. 중국에서는 위정자와 작가의 관계가 고대부터 현재에 이르기까지 매우 긴장 관계에 있다는 점이다.

죽간을 사용하는 시대에서 종이를 사용하는 시대로 바뀌고 이제는 인터넷 시대가 되었다. 이에 맞춰서 시진핑 신시대에 들어서자 '샨'에 '먀오秒'라는 접두어가 추가되었다. 즉 '1초 안에 삭제한다'는 뜻이다.

평소 중국의 뉴스를 뒤쫓는 나는 몸은 늙어가고 있지만 손가락의 순발력은 덕분에 엄청 단련되어 있다.

인터넷이나 SNS에 시진핑 총서기나 중국 공산당 정권에 불리하게 생각되는 뉴스나 영상이 올라오면 '먀오샨'을 당한다. 그래서 나는 기사가 남아 있는 사이에 저장하거나 스마트폰으로 사진을 찍어야만 한다. 정말로 1초 차이로 성공하거나 실패한다.

그런 가운데 내 전리품 몇 가지를 소개하겠다. 먼저 2016년 3월 13일 중국 국영 신화통신이 1년에 한 번 열리는 전국인민대표대회와 전국정치협상회의를 총괄한 당일 기사 중 한 구절이다. 전국인민대표회의와 전국정치협상회의를 통칭해서 '량후이兩会'라고도 한다.

"중국 최후의 지도자인 시진핑은 올해 열린 량후이에서 '중국의 발전은 한 번에 하나씩, 기복은 있지만 장기적으로 보면 만사가 순조롭게 진행될 것이다'라고 표명했다."

이 기사를 본 나는 기가 막혀서 즉시 저장했는데 눈 깜짝할 사이에 먀오샨 당했다. 그리고 1시간 10분 후에 다시 기사가 올라왔는데 서두의 표기가 '중국 최고의 지도자'로 바뀌었다. 나중에 신화통신에 다니는 지인에게 물어봤더니 당과 국가의 최고 존엄(시진핑)에 대해 '최고'를 '최후'로 오기해서 상부부터 말단까지 엄중한 처분을 받았다고 한다.

그런데 정말로 '고高'를 '후后'라고 잘못 치기만 한 단순 실수였을까?

일단 중국어 병음에서는 '고高, gao'와 '후后, hou'를 잘못 치는 것은 말도 안 된다. 중국어 타이핑 방법은 병음법 외에도 오필 타법 등이 있는데 역시 잘못 칠 정도로 비슷하지 않다.

게다가 신화통신의 지인의 말에 따르면 시진핑과 관련된 가장 중요한 기사의 경우 현장 기자가 쓴 초고를 상관 6명이 확인한 후에야 올린다고 한다. 6명 모두 몰랐다는 것은 이해할 수 없다.

또한 애초에 '중국 최고의 지도자'(중국 최고 영도인)라는 표현 자체가 부자연스럽다. 보통은 '시진핑 총서기', '국가 주석 시진핑'이라고 표기한다. 때때로 친밀감을 담아 '시진핑 동지'라고 쓰기도 하는데 '중국 최고 영도인'이라는 표현은 기이하다.

실제로 이 기사가 나오기 약 한 달 전인 같은 해 2월 19일 시진핑 총서기가 신화통신 본사 등을 시찰하러 방문했다. 여기서 '미디어 당

빛의 속도로
샥—

성론'을 펼쳐서 중국 언론 업계에 충격을 안겼다.

한때 마오쩌둥 주석은 '신문을 당의 중요한 무기로 삼아라'라고 말했다(1942년 9월 15일 지시). 다시 말해 중국의 언론은 공산당의 선전기관이라고 인식한 것이다.

시진핑 총서기도 그와 똑같이 생각해서 '모든 언론은 공산당의 성을 밝혀라'라고 격문을 돌렸다. 신화통신은 국무원(중앙관청) 산하에 있어서 국영이기는 하지만 세계의 전쟁터를 돌아다니기도 하는 보도기관으로서의 자부심이 있다. 그런데 갑자기 '당의 선전기관이 되어라'라고 선고를 받아서 내부가 동요했다. 그런 와중에 '중국 최후의 지도자 사건'이 일어난 것이다.

그로부터 3개월 반이 지난 후 7월 1일 중국 공산당 창건 95주년 기념식전을 보도한 텐센트넷(텅쉰왕, 腾讯网)도 걸작을 올렸다.

〈시진핑은 중요 담화에서 짜증을 냈다习近平发飙重要讲话〉

이 기사도 즉시 먀오샨 당했고 얼마 지나지 않아 〈시진핑은 중요 담화를 발표했다习近平发表重要讲话〉라고 수정해서 올렸다. '飙'와 '表' 모두 병음 표기가 'biao'로 같지만 성조가 전자는 1성이고 후자는 3성이다. 도저히 전문 기자가 오기할 것으로 생각되지 않는다.

아무튼 이 1글자의 한자 오기로 텐센트 넷의 명 편집장 왕융즈王永治는 해임되었고 일개 스포츠 담당 기자로 쫓겨났다.

이러한 사건으로부터 6년 남짓 지났는데 먀오샨은 더욱더 맹위를 떨치고 있다. 이제는 더우인TikTok 등의 동영상 서비스도 먀오샨의 대상이다.

한편 중국에서 가장 권위 있는 신문으로 평가받는 〈런민르바오〉는 연일 시진핑 총서기를 칭송하는 기사와 사진이 잔뜩 올라온다. 마치 〈시진핑르바오(시진핑일보)〉가 되어가고 있다.

덧붙이자면 중국의 헌법 제35조에는 이렇게 명기되어 있다.

'중화인민공화국의 공민은 언론, 출판, 집회, 결사, 시위, 행진의 자유가 있다.'

24. 한반도의 서쪽에 있는 '조선'이란?

서조선 西朝鮮 / 서녘 서, 아침 조, 고울 선

〔시차오셴〕

① 최근 중국사회가 전체주의화되는 경향이 북한을 닮아가고 있다는 의미의
자조적인 표현

¶북조선이라는 나라는 알겠는데, 시차오셴(西朝鮮)이라는 나라가 있었나?

㊀ 북조선, 남조선

이웃하는 조선민주주의인민공화국(북한)을 일본인은 '북조선'이라고
부른다. 또 북한은 대한민국(한국)을 '남조선'이라고 부른다.

여기까지는 상식인데 그럼 '서조선(시차오셴)'이라는 나라가 있을
까?

내가 이 신조어를 처음 접한 것은 2016년 6월 4일이었다.

베이징에 사는 친구 중에 1989년 톈안먼 사건에서 멋지게 활동한

남성이 있다. 그 후 신문기자가 되어 일본으로 말하자면 최전선 사회부 기자로 일하며 장쩌민 시대와 후진타오 시대에 화제를 부른 고발 르포도 썼다.

그는 술에 취하면 늘 톈안먼 사건에 대한 이야기를 시작한다. 그래서 다른 중국인 지인처럼 춘제(구정)가 아니라 톈안먼 사건이 일어난 날(6월 4일) 웨이신 인사를 보낸다.

2016년 그날, 그에게 온 메시지에 이런 구절이 있었다.

"우위에산스우르더시차오셴, 다다헌옌五月三十五日的西朝鮮, 大大很严"

부끄럽지만 나는 의미를 알 수 없었다. 직역하자면 '5월 35일의 서조선은 아저씨가 매우 엄하다'

나는 몇 분 동안 스마트폰 화면에 나타난 이 문장을 노려봤다. 그 붙임성 좋고 날카로운 눈매를 한 얼굴이 떠올랐다 사라졌다. 이 녀석은 대체 무슨 말이 하고 싶은 걸까?

처음에 푼 것은 '다다大大'였다. 2014년부터 시진핑 주석의 인기를 서민 사이에 널리 퍼뜨리려고 관제 언론이 '스다다'(习大大, 시진핑 아저씨)라고 친근함을 담아 부르기 시작했다.

그러나 2016년 4월이 되고 갑자기 이 호칭이 사라졌다. 일설에는 본인이 싫어했다고 한다. 아무튼 '다다'는 '시진핑 주석'을 나타내는 게 분명하다.

다음으로 5월의 달력을 바라봤다. 당연히 31일 화요일로 끝났다.

그런데 옅은 글씨로 그 오른쪽 옆에 '1, 2, 3, 4'라고 표기되어 있었다. 오늘은 6월 4일 토요일……

'앗!' 나도 모르게 소리쳤다. '6월 4일' = '5월 35일'이 아닌가!

마지막은 '서조선'인데 북한의 지도를 머릿속으로 그려봤다. 북한의 서쪽에 위치하는 나라는…… "중국이다!"

"6월 4일의 중국은 시진핑 주석이 매우 엄하다"

그는 이렇게 말하고 싶었던 것이다. 하지만 직접 이런 말을 쓰면 앞에서 설명했듯이 먀오샨(1초 안에 삭제) 당할 뿐 아니라 공안(경찰)이 집에 찾아와 문을 두드릴지 모른다. 그런 일을 본능적으로 경계해서 은어에 은어를 거듭한 것이다.

실제로 그는 이때의 메시지로 '기자를 그만뒀다'라고 썼다. 나는 더 이상 당색에 물들 수 없다는 게 이유였다.

같은 해 2월 19일 시진핑 주석은 '3대 언론'이라고 불리는 런민르바오사, 신화사, CCTV(중국중앙텔레비전)를 방문했다. 그리고 CCTV의 대회의실에 중국 언론 업계의 간부들을 한곳에 모아서 중요 담화를 발표했다.

"언론의 활동은 즉 (중국 공산)당의 활동이다. 모든 언론은 당과 정부를 위한 선전 진영이며 당성을 밝히는 것이 필수적이다!"

이 담화는 '뉴스 미디어의 당성 원칙'[31], 줄여서 '당성론'이라고 해서 순식간에 언론 업계에 침투했다. 한때 마오쩌둥 주석은 '신문을 당의 중요한 무기로 삼아라'라고 했는데 마오쩌둥 주석을 숭배하는 시진핑 주석은 이 생각을 답습했다.

실제로 1년에 한 번 열리는 전국인민대표대회(국회)의 개막일에 해당하는 같은 해 3월 5일에는 시진핑 총서기가 '당중앙엄령'을 내렸다. '앞으로 미디어가 반당, 반마오쩌둥 보도를 내보내는 것은 용서하지 않겠다'는 지령이다.

덩샤오핑 시대에 들어선 1981년 6월에 열린 6중전회(중국 공산당 제11기 중앙위원회 제6회 전체 회의)에서 마오쩌둥 주석이 주도한 문화대혁명은 실수였다고 총괄했다. 개인 숭배도 잘못된 행동으로 보고 당 규약(당 장정)으로 금지했다. 그러한 결정을 35년 만에 뒤집었다.

하나를 보면 열을 안다고 하는데 '마오쩌둥 주석은 전부 옳다'→'시진핑 주석은 마오쩌둥의 후계자다'→'시진핑 주석은 전부 옳다'라는 논법이다. 이는 북한의 '김일성 주석은 전부 옳다'→'김정은 총비서는 김일성 주석의 후계자(직계 자손)다'→'김정은 총비서는 전부 옳다'라는 논법과 같다.

실제로 중앙공산당 중앙위원회 기관지 〈런민르바오〉는 조선노동당 중앙위원회 기관지 〈노동신문〉과 기사 내용이 다르지 않으며 CCTV는 KCTV(조선중앙텔레비전)와 뉴스 내용이 비슷해졌다. 결국 최고 지도자의 예찬 일색이다.

모든 중국 언론이 이 방침을 따라야 했다. 신흥 인터넷 미디어도 마찬가지라서 스마트폰을 클릭해서 표지 화면을 열면 그날이나 전날의 시진핑 주석의 활동과 중요 담화로 넘쳐나게 되었다.

앞에서 말했듯이 전국의 공산당원 9,671만 명은 시진핑 총서기의 중요 담화를 손으로 직접 베껴 써서 그 담화로 자신이 무엇을 학습했는지 추가로 써야 한다. 그렇게 했기 때문에 중국의 지식인들이 자국을 자학적으로 '서조선'이라고 부르게 되었다.

그러고 보니 시진핑 주석과 김정은 총비서에게는 공통점이 많다. 생각나는 대로 예를 들어보겠다.

① 2세 정치가

시진핑 주석은 시중쉰 전 부총리의 차남이며 김정은 총비서는 김정일 전 총비서의 삼남이다. 서로 어릴 때부터 '위대한 아버지'를 보고 자라며 제왕학을 익혔다. 장남이 아니라는 점도 공통점이다.

② 1강 정치

후진타오 정권에서 시진핑 정권으로의 가장 큰 변화는 집단 지도 체제에서 1인 지도 체제로 이행한 점이다. 중난하이(베이징 최고 간부의 집무실과 관저가 있는 곳)에서 쓰는 속어로는 '중슈지숴러쏸總書记说了算', 즉 총서기가 말하면 그걸로 끝이라는 뜻이다.

그래서 당내 서열 2인자인 리커창 총리의 영향이 약해져서 어느덧 '리성장省长'이라고 수군거리기 시작했다. '성省'은 한국의 '도'에 해당하므로 결국 '이 도지사'와 같다.

북한에서는 한때 김정은 총비서의 고모부로 장성택 당행정부장이라는 '부동의 2인자'가 존재했다. 그러나 김정은 총비서의 노여움을 사서 2013년 12월에 기관총으로 총살당한 후 시신은 화염방사기로 흔적도 없이 불태워졌다.

③ 강군 정책

시진핑 정권은 '강국 강군'을 표어로 내걸고 군비 증강에 매진하고 있다. 마찬가지로 김정은 정권도 '강성대국'을 표어로 내걸고 미사일 실험과 핵실험을 반복하고 있다. 둘 다 '미국에 대항하려면 강력한 군사력밖에 없다'라고 생각한다.

④ 부인은 전 국민적 가수

시진핑의 부인인 펑리위안彭丽媛과 김정은의 부인 이설주도 국민적 가수로 활약했을 때 지금의 남편을 처음 만났다.

⑤ 육류를 좋아한다

시진핑 주석은 베이징덕을 만들어낸 북경인인 만큼 유례없는 육류파로 유명하다. 2017년 4월 트럼프 대통령 별장에서 처음 만났을 때 저녁 식사에서 주요리를 도버 해협산 가자미로 할 것인지 뉴욕풍 안심 스테이크로 할 것인지 묻자마자 스테이크라고 대답했다. 역시 비할 데 없이 스테이크를 좋아하는 트럼프 대통령을 기쁘게 했다.

한편 김정은 총서기도 유일하게 친한 일본인인 '김정일의 요리사' 후지모토 겐지藤本健二에게 내가 들은 바로는 날마다 스테이크 300g을 몽땅 먹어 치웠다고 한다.

서른한 살이나 차이가 나는 두 영웅은 서로 최고 지도자의 자리에 서서 6년 후인 2018년 3월 26일 베이징 인민대회당 북대청에서 처음으로 대면했다. 통통한 얼굴과 복장, 마치 아버지와 아들처럼 보였다.

4장

온종일 싸울 수 있습니까?
약육강식의 중국 비즈니스

25. 중국판 '월월화수목금금'

996근무제 九九六 / 아홉 구, 아홉 구, 여섯 륙

〔주주류〕

① 아침 9시부터 저녁 9시까지 하루 12시간을 일하면서, 월요일부터 토요일까지 일주일에 6일을 근무하는 중국 기업의 근무 원칙

¶ 그래도 해결되지 않는 내부의 주주류 상태와 정부의 압력을 견디기 어려워 중국 IT 업계 인재의 국외 유출이 표면으로 드러나고 있다.

㊦ 69시간 근무제

내가 도쿄에서 근무한 회사에서는 1980년대부터 해마다 중국인 연수생 3명을 받아들였다(현재는 중단). 나는 지금으로부터 30년쯤 전 베이징의 같은 업계 회사에서 파견 나온 O씨에게 매주 한 번씩 자원봉사로 일본어를 가르쳤다.

그 O씨는 영업부에서 일했는데 저녁에 보면 늘 자기 자리에 없었다. 몇 번째나 반복되자 나는 직접 화장실로 가서 가장 안쪽에 잠겨

있는 문을 두드렸다.

"O씨, 일어나요!"

그러면 문이 열리고 잠이 덜 깬 눈을 한 O씨가 나왔다.

"일본인들은 왜 그렇게 일하는 걸 좋아합니까? 점심시간에도 못 쉬고 저녁에 퇴근하는 시간도 '퇴근하는 시간'이 아니에요. 텔레비전을 켜면 '24시간 싸울 수 있습니까?'라는 광고가 나오죠.

내 고향 베이징에서는 점심시간이 2시간이라서 날마다 점심을 먹은 후에는 모두 직장에서 낮잠을 잡니다. 저녁에 퇴근할 시간이 되면 5분 후에는 사무실에서 사람이 다 사라져요. 물론 휴일 출근은 있을 수도 없는 일이에요."

O씨는 말만 꺼냈다 하면 일본인은 일 중독이라고 비판했다.

그로부터 30년이라는 시간이 흐르고 최근에는 중국에서 우리 회사에 방문객이 오면 돌아갈 때 틀에 박힌 말처럼 이렇게 말한다.

"일본은 중국보다 더 사회주의국가야. 노동자 천국이지. 일본의 사무실에서는 놀랍게도 시간이 서서히 흘러간다고."

평소에 일본과 중국을 오가는 나도 요즘은 '역전 현상'을 통감한다. 지금 내가 베이징이나 상하이의 IT 기업에서 근무한다면 그야말로 30년 전의 O씨처럼 화장실로 도망가는 나날을 보낼 것이 분명하다.

중국 대도시의 사무실을 방문할 때마다 나는 '옌궈바마오雁過拔毛'라는 중국 고사성어가 생각난다. 직역하면 '날아가는 기러기의 털도 뽑는다'라는 뜻이며 일본의 비슷한 속담으로는 '살아 있는 말의 눈을

뽑을 정도로 날쌔게 행동한다'가 있다. (한국의 속담으로 치면, '눈 감으면 코 베어간다' – 역주)

중국 사회는 오해를 두려워하지 않고 말하자면 '결과가 전부'다. 결과에 이르는 과정은 그다지 따지지 않는다.

극단적으로 말하자면 사무실에서 옆자리에 매우 우수한 사원이 있다고 하자. 어느 날 그 사원이 감기에 걸려서 쉬는 틈을 타 그의 실적을 몰래 들고 가서 경쟁 회사로 이직할 수도 있다. 그런 행위를 경쟁 회사는 높이 평가하며 높은 연봉을 지급한다. 나는 그런 실제 사례를 베이징 주재원 시절에 몇 번이나 보고 들었다.

그래서 중국의 사무실에서는 업무 중에 한순간도 긴장을 풀 수 없다. 나는 베이징에서 모든 부하직원이 중국인인 회사에서 일했는데 매일 저녁 퇴근 시간이 되면 떠들썩한 소리가 들리기 시작한다. 사원들이 퇴근하기 전에 컴퓨터와 책상을 연결하는 쇠고리와 책상 서랍을 일일이 잠그기 때문이다.

회사에서는 날마다 온갖 크고 작은 문제가 계속 일어났다. 그날 문제가 하나도 없으면 '오늘은 보기 드물게 운 좋은 날이었다'라고 하늘에 감사했다.

일본계 기업은 그래도 일단 품위를 유지했다. 일반적으로 중국에서는 국가공무원, 국유기업, 외자계 기업, 중국 민영기업 순으로 인기가 있다. 즉 일본계 기업 밑에는 중국의 각종 민영기업이 존재한다.

중국에서 민영기업이 대두한 시기는 1990년대이기 때문에 어느 회사나 창업한 지 얼마 되지 않았다. 그래서 복리후생 등 사내 환경이 불안정한 데다 어느 업계나 격렬한 경쟁에 휩쓸리고 있다. 게다가 공산당 방침에 따라 비즈니스 환경이 격변하기도 한다.

리커창 총리는 한때 '우리나라에서는 날마다 1만 6천 개가 넘는 회사가 창업한다'라며 외국의 요직에 있는 사람들에게 선전하고 다녔다. 그러나 대부분은 6개월 이내에 사라지고 시체가 겹겹이 쌓인다. 주위에 산과 시체가 널브러져 있기 때문에 중국의 민영기업은 날마다 살아남는 데 필사적이다.

그런 중국에서 2016년 10월 '주주류996'이라는 말이 사회 문제화되었다. 베이징에 본사가 있는 거대 IT 기업 우빠퉁청58同城이 주주류 근무제라는 취업 규칙을 정했다고 내부 고발이 있었다.

"우리 종업원은 아침 9시부터 저녁 9시까지 하루 12시간 일해야 한다. 또한 월요일부터 토요일까지 일주일에 6일씩 근무한다. 또한 회사는 잔업수당을 지급하지 않는다……"

회사 측은 '9월과 10월은 때마침 바쁜 시기였을 뿐이다'라고 해명했다. 하지만 다른 IT 기업에서도 비슷한 상태라는 사실이 세상에 드러났다.

그리고 중국을 대표하는 IT 기업 알리바바의 창업자 마윈马云 회장(당시)은 그런 블랙 기업을 옹호했다. 웨이보微博(중국판 트위터)에 다음과 같은 글을 올렸다.

"요즘 중국의 바이두, 알리바바, 텐센트와 같은 회사에서는 확실히 주주류가 있을 수 있다. 생각건대 이는 그 내부 사람들에게는 좋은 소식이다.

이 세계에서 우리는 모두 성공과 더 나은 생활을 바라며 남에게 존중받고 싶어 한다.

그럼 묻겠다. 당신이 다른 사람보다 초월적인 노력을 하지 않고 시간도 쓰지 않으면 어떻게 당신이 바라는 성공을 이루겠는가?

이미 우리는 이처럼 많은 자원을 보유하고 거대한 사명을 짊어지고 있다. 또 앞으로 세상에 불가능한 일이 없도록 하고 있다. 이를 위해 노력하고 시간을 쓰는 것은 안 될까?"

마윈 회장답게 강경한 태도를 보였다. 나는 2010년 마윈 회장에게 직접 이야기를 들은 적이 있다. "1만 명이 넘는 사원을 어떻게 통솔합니까?"라고 질문했더니 이렇게 쉽게 대답했다.

"우리 회사에는 취업 규칙이 딱 한 줄 있어요. 그건 '(회사에) 있을 거면 (내 말을) 따르고 싫으면 관둬라'입니다. 어느 사원이나 우리 회사에서 계속 일하는 한 전부 제 지시를 따르게 합니다."

정말로 독재자나 다름없는 회장이다. 또한 '하늘 아래 어려운 사업이 없게 한다'라는 말은 창업한 이래 알리바바의 기본 방침이다. 뭐든지 항저우에서 창업하던 무명 시절 마윈 회장이 시후西湖의 부근에서 외친 말이라나?

그러나 마윈 회장과 같은 독재 경영자나 대표이사보다 마차를 끄는 말처럼 한눈팔지 않고 열심히 일하는 사원들이 당연히 더 많다.

그들이 계속 소리 내어 'IT 업계는 블랙 업계'라고 세상의 비난이 높아졌다.

그중에는 '우리 회사는 주주류는커녕 링링치007다'라고 폭로하는 사람까지 나타났다. '링링치007'는 제임스 본드의 스파이 영화를 모방한 말인데 0시부터 0시까지 24시간, 주 7일 노동을 나타낸다. 다시 말해 '초 블랙 기업'이다.

중국의 노동법 제36조에서는 '국가는 노동자의 하루 노동 시간을 8시간 이내로 규정하고 평균 매주 노동 시간이 44시간을 넘지 않는 제도를 실행한다'라고 강조한다. 하지만 일반적으로 중국의 문제는 법이 정비되지 않은 것이 아니라 훌륭한 법률이 정해져 있는데도 현실과 차이가 크게 난다는 점에 있다.

2021년 8월 앞에서 말했듯이 시진핑 정권은 궁퉁푸위(국민이 함께 부유해지는 방침)를 호언장담하며 부유층의 상징인 거대 IT 기업을 표적으로 삼기 시작했다. 같은 달에는 최고 인민법원(고등법원에 해당)과 인력자원사회보장부(한국의 고용노동부에 해당)가 악질적인 주주류 회사 10개 시의 회사명을 공표하고 '앞으로는 엄격히게 단속하겠다'라고 선언했다.

그래도 해결되지 않는 내부의 주주류 상태와 정부의 압력을 견디기 어려워 중국 IT 업계 인재의 국외 유출이 표면으로 드러나고 있다. 그중에는 '이웃의 사회주의국가'로 향하는 중국인도 꽤 많다. 그렇다, 바로 일본이다.

26. 언제든지 대체될 수 있는 중국의 회사원들

타공인 打工人 / 칠 **타**, 장인 **공**, 사람 **인**

〔다궁런〕

① 비고용자라는 넓은 의미로도 쓰이지만, 주로 아르바이트생 취급을 받는 중국 회사의 사원을 가리키는 말.

¶나 같은 건 단순한 다궁런(打工人)일 뿐이야.

㊀ 아르바이트생

'산길을 오르면서 이런 생각을 했다. 지성에 치우치면 모가 난다. 감정에 편승하면 휩쓸린다. 고집을 관철하면 거북해진다. 여하튼 인간 세상은 살기 힘들다.'

나는 10년쯤 전까지 베이징에서 3년 동안 일본계 기업의 부총경리 (부사장)를 역임했다. 사무실에 가는 도중에 언덕길이 있어서 매일 아침 그 언덕을 오를 때마다 나쓰메 소세키의《풀베개》서두 부분을 읊

조렸다. 단 '인간 세상'을 '중국 세상'으로 바꿨다.

원래 일본계 기업의 중국 주재원은 일반적으로 일본과 해외에서 숱한 비즈니스 경험을 쌓은 후에 파견된다. 당시 이미 중국이라는 곳은 세계 비즈니스의 중심지였고 야구로 말하자면 메이저리그였다. 서구권 기업이나 아시아 기업도 에이스 투수와 홈런왕을 보냈으며 중국 기업의 직장인들도 서구권에서 MBA를 취득한 수재가 모여 있었다.

그런데 내 경우에는 그때까지 도쿄에서 기자 생활을 했다. 사업 계약서를 교환하기는커녕 계약서 자체를 본 적도 없었다. 그런 나를 왜 베이징에 보냈을까? 그 이유는 회사의 국제 사업 부문 인재가 고갈되어 중국어를 할 수 있는 사원이 없는지 약 1천 명이 일하는 회사 내부에서 찾아다니다가 때마침 내가 눈에 띄었기 때문이다.

하지만 회사가 사업 경험이 없는 남자에게 현지 법인의 총경리(사장)를 맡길 수는 없다고 판단해서 나는 부총경리로 임명되었다. 그렇다고 해도 총경리는 도쿄 본사에 있었으니 내가 현지 대표였고 회사의 돈과 인감까지 관리했다. 참고로 나를 제외한 사원은 전부 중국인이었고 회사의 공용어도 중국어였으며 거래처도 죄다 중국 기업이었다.

그런 환경에서 중국 사업의 최전선에 뛰어들어 몇 개월이 지나고 나는 한 가지를 발견했다. 그것은 해양 민족인 일본인과 대륙 민족인 중국인은 모두 황인종이고 한자 문화권이며 쌀을 주식으로 하고 약

간의 유교 정신을 갖고 있다는 점을 제외하면 달리 공통점이 거의 없다는 점이었다. '일본과 중국은 아주 가까운 이웃'이라고 하는데 생각이나 행동양식은 지구의 반대 방향으로 4만 Km를 돌아서 겨우 도착할 정도의 거리감이 있다.

특히 '자기我와 사회와의 관계성'에서 눈에 띄는 차이를 보인다. 이를테면 일반적으로 일본인이 회사에 바라는 것은 생활의 안정과 자아실현이다. 즉 안정된 수입을 얻는 대신 회사의 일부가 되어 자아실현을 도모한다는 뜻이다.

거기에는 협조성과 일체성이 요구되며 회사의 결재 시스템도 기본적으로 보텀업 방식(Bottom-up, 안건을 말단에서 상위로 쌓아 올려서 마지막으로 이사회에서 승인되는 방식)이다. 종신고용과 연공서열이 중시되어 몇 년이나 근무하는 동안 애사 정신과 멸사봉공의 정신이 높아진다.

한편 중국인이 회사에 바라는 것은 첫째도 둘째도 높은 급료다. 그 밖에도 다음 승진에 응용할 수 있는 노하우와 인맥 확보가 있다. 어디까지나 '나'라는 절대적인 존재가 있으며, 내가 오늘 우연히 소속된 회사에 다닌다는 생각이다.

그래서 급료 30%를 올려주는 다른 회사를 찾으면 아무 미련도 없이 이직한다. 또 아무리 회사가 연말에 매우 바쁘든 말든 다 쓰지 못한 유급 휴가는 확실히 쓰고 내년을 맞이한다.

이렇게 딱 잘라 단정 짓는 방식은 '라오반'이라고 하는 경영자(동스장, 董事長=회장, 총경리)도 마찬가지다. 사원 100명이 일하는 회사라면 늘 30명 정도 인원을 모집한다. 라오반의 마음에 들지 않으면 그 자리에서 해고하거나 직급을 떨어뜨리기 때문이다. 해고 남발을 방지하기 위해서 2008년 노동계약법이 시행되었으나 그다지 효과를 보지 못했다.

라오반이 사원에게 바라는 것은 단기적인 일의 성과와 자신에 대한 충성심이다. 회사에서는 IT 능력이 높고 편하게 사용할 수 있는 젊은 사원을 계속 출세시킨다. 회사 이력이나 나이 등은 상관없다. 덧붙이자면 중국의 비즈니스계는 완전한 남녀평등사회다.

그곳에서는 '애사 정신'이 죽은 말이나 다름없으며 애사심을 가진 사원이 있다고 하면 라오반뿐이다. 또한 라오반과 사원 사이에는 일반적으로 취업 규칙에 따라서만 관계를 맺는다. 그래서 나는 도쿄 본사에서는 취업 규칙을 훑어본 적도 없었는데 베이징 현지 법인에서는 총 105조를 통째로 외워서 날마다 사원들과 상대했다.

그러는 동안 거래처 중국 기업 사원들과 친해져서 회식을 하면 그들은 자주 자학적인 말을 내뱉었다.

"워즈스쭤다궁런我只是做打工人."

번역하면 '나 같은 건 단순한 아르바이트생일 뿐이야.'이다. 중국 기업에서는 주요 권한이 라오반 한 명에게 집중되어 있고 철저한 톱 다운 방식이므로 정규직이나 임원이라 해도 아르바이트생 같은 취급을 받는다는 의미다. '다궁런'에는 비고용자라는 넓은 의미도 있는데 그들이 사용하는 의미는 '아르바이트'다.

　이 다궁런 때문에 고민한 적이 한두 번이 아니었다. 나는 '중일 비즈니스의 덫'이라고 했을 정도다.

　예를 들면 어느 중국 회사와 거래하고 싶다면, 나는 그 회사에 전화해서 용건을 말한다. 그러면 대부분은 총경리 비서실로 전화를 돌려주고 '그럼 언제 언제 뵙겠습니다'라고 약속을 잡는다. 지정한 날짜에 가면 호화로운 총경리 응접실로 안내해주고 갑자기 라오반과 면담하게 된다.

　면담을 시작한 지 30분이 지나도 라오반이 물러나지 않으면 거의 내 승리다. 권력자(라오반)의 한마디로 관련 부서 사원들이 총경리 응접실에 모이고 "그럼 나머지는 그들과 자세하게 이야기하세요. 최대한 빨리 계약서를 교환합시다"라고 하며 라오반과 악수한다. 말 그대로 즉단즉결로 정식 계약을 위해 '앞으로 전진!' 하는 느낌이다.

하지만 이제부터 지옥이 기다린다. 관련 부서의 사원들은 자신을 '다궁런'이라고 생각할 뿐이라서 책임감이 부족하고 행동이 굼뜨다. 회사에 이익이 되어도 내 이익이 되지 않는 일에 대한 의욕이 솟지 않는다. 그들이 아주 가끔 신속하게 행동하는 것처럼 보이면 자신의 친척이나 친구 회사에 이익을 유도하려고 하는 것이다.

그러는 동안 일본 본사에서는 '그 건은 어떻게 되었지?', '언제까지 알 수 있어?'라고 빗발치게 독촉한다. 그러나 중국 기업은 6개월 동안 부서의 과반수가 그만둘 정도로 사원 교체가 심하다. 게다가 어느 날 갑자기 그만두기 때문에 일본 기업처럼 다음 담당자에게 인수인계 따위는 전혀 없다. 현장은 늘 대혼란 상태다.

그러는 사이에 또 다른 충격이 전해진다. 중국 기업의 움직임이 어느 날 딱 멈추는 것이다. "귀사와의 협업을 위한 절차가 진행되었던가요?"라는 느낌이다.

이런 일을 처음 당했을 때는 무슨 일이 일어난 건지 이해할 수 없었다. 내가 담당자에게 집요하게 물고 늘어지자 "그런 말은 라오반에게 직접 하세요"라며 충고했다. 그래서 라오반의 휴대폰으로 전화를 걸면 전화를 받지 않거나 받더라도 '지금 바쁘다'라며 뚝 끊어버린다.

어쩔 수 없어서 약속을 잡지 않고 총경리실로 찾아간다. 그러면 "그 건이라면 한국 기업과 진행하기로 했습니다"라고 라오반은 매정하게 대답한다. 중국 기업은 정말로 허무맹랑하고 겉보기와 달리 온 갖 음모를 꾸민다는 것을 뼈저리게 느꼈다.

그만큼 계약서를 교환하는 상황까지 됐을 때는 한층 더 감개무량 하다. 나는 크고 작은 일을 합쳐서 300건 정도 계약했는데 금액에 상 관없이 어느 계약서나 내 자식처럼 사랑스러웠다.

하지만 계약서를 교환했다고 해서 안심할 수 없다. 중국인은 '계약 서를 준수한다'라기보다 '시시각각 변화하는 실정에 맞춰서 계약서 를 바꾼다'라고 생각하기 때문이다.

그로부터 10년이 지났지만 최근에는 당시보다 중국인 다궁런 의 식이 더 늘어난 점이 마음에 걸린다. 그만큼 중국이 불경기 상태라는 뜻이기도 하다. 회사에서 언제 잘릴지 모르니 사원들의 책임감이 더 욱더 희박해지고 있다.

결국에는 '궁쥐런工具人'이라는 신조어까지 생겨났다. 궁쥐工具는 도구를 말하며 '회사의 도구인 사람'이라는 뜻이다. 불경기로 거리에 실업자가 넘쳐나기 때문에 라오반은 '얼마든지 대체할 사람을 고용 할 수 있다'라고 생각해서 사원을 도구처럼 다룬다.

여하튼 '중국 세상'은 살기 힘들다.

27. 신세대 중국의 새로운 기사들

외매기수 外卖骑手 / 바깥 **외**, 팔 **매**, 말탈 **기**, 손 **수**
〔와이마이치쇼〕
① 코로나 19 사태 이후 갑자기 주목받는 직업이 된 주문 음식 배달원을 일컫
  는 말
¶ 나는 2009년 '직업으로서의 와이마이치쇼(外卖骑手)'의 존재를 알게 되었다.
㊛ 쿠팡 배달원, 배민 라이더

19세기 중반 청나라(중국)와의 무역에 거액의 은을 지급하는 것이
부담스러워진 대영제국은 식민지로 삼은 인도 사람들에게 아편을 만
들게 하고 아편을 청나라에 밀수해 얻은 자금으로 지급하게 되었다.

  마약 피해가 심각해진 청나라는 아편을 불태우고 항의했다. 화
가 난 대영제국은 세계 최강의 함대를 동아시아에 보내서 아편전쟁
(1840~1842년)을 일으켰다. 그리고 청을 철저히 공격해서 난징조약으

로 홍콩섬을 양도하게 하고 상하이에 조계(조차지)를 구축했다.

영국은 2차 세계대전 중인 1943년까지 상하이를, 1997년까지 홍콩을 지배했다. 두 도시에 지배의 상징처럼 건설한 것이 경마장이었다. 그곳에서 활약해 영웅이 될 수 있는 '기수'는 현지 청년들에게 꿈의 직업이었다.

1949년 중국을 통일한 공산당 정권은 경마를 '자본주의의 폐해'로 간주하고 금지했다. 2018년 8월 광저우시 교외에 충화从化 경마장이 문을 열었다. 홍콩 사톈沙田 경마장의 훈련 센터로 평가해서 마권을 거는 정기 레이스는 열리지 않는다.

그런데 21세기에 들어서고 기수는 다시 중국 청년들의 정식 직업이 되었다. 지금은 중국 전역에서 1천만 명이 넘는 기수들이 활약하고 있다. 정식 명칭은 '와이마이치쇼外卖骑手'라고 한다.

경마는 금지되었는데 기수가 1천만 명? 거기에 '와이마이外卖'라는 이상한 접두어까지 붙어 있다.

내막을 밝히자면 '치쇼'는 배달원, '와이마이'는 주문 음식을 말한다. 다시 말해 '와이마이치쇼'는 주문 음식 배달원을 나타낸다. 특히 코로나19 사태가 일어난 후부터 갑자기 주목받는 직업이다.

나는 2009년 직업으로서의 와이마이치쇼의 존재를 알게 되었다. 당시 베이징에서 일본계 기업 현지 대표를 맡는데 큰길을 사이에 둔 사무실 맞은편에 맥도날드가 있었다.

중화요리 천국에 빠진 생활을 보내다 보니 일본의 패스트푸드 1세대인 나로서는 가끔 맹렬히 햄버거가 먹고 싶어졌다. 그날은 아침부터 도쿄 본사도 참여한 전화 회의가 끝날 기미가 보이지 않아서 점심 전에 일단 마쳤으나 오후부터 다시 시작하게 되었다. 점심시간 동안 자료를 수정해야 했다.

그러던 중 맥도날드 발작이 일어났다. '먹고 싶다! 먹고 싶어!' 하지만 11층인 사무실에서 내려가 큰길의 육교를 왕복해가며 매장 앞에 길게 줄을 설 시간이 없었다. 나는 무심코 맥도날드에 전화를 걸었다.

"맞은편 빌딩의 사무실에 근무하는 사람인데요, 런치 세트 배달도 하시나요?"

그러자 의외의 대답이 돌아왔다. "우리 매장은 배달을 안 하지만 지금 알려드리는 휴대폰 번호로 전화해 보세요."

알려준 번호로 전화하자 청년이 받더니 "15분 정도면 도착하는데 배달 수수료로 10위안(한화 약 2천 원)을 받습니다"라고 했다. 괜찮다고 했더니 그 청년이 햄버거를 가지고 왔다. 커다란 상자에는 다른 사무실에서 시킨 음식도 들어 있었다.

물어보니 "저는 프리 '치쇼'입니다"라고 대답했다. "치쇼?"

그는 날마다 점심때가 되면 맥도날드 앞에 진을 치고 근처 사무실 빌딩에 근무하는 사람들의 전화를 기다린다고 했다. 한 달 수입을 물어봤더니 우리 회사의 나이가 비슷한 중국인 사원과 거의 같아서(차부둬, 差不多) 깜짝 놀랐다.

　지금은 일본이나 중국이나 우버 배달원과 같은 사람들이 당연한 풍경이 되었는데 당시 레스토랑이라는 곳은 '그곳에 가서 먹는 곳'이라는 고정관념이 있었다. 중국에도 피자헛의 배달 피자는 1990년대부터 존재했지만 어디까지나 그 매장의 점원들이 운영했다.

　그런데 이 청년은 자신이 프리 치쇼라고 했다. 치쇼라는 말을 듣고 나는 다케 유타카武豊 등과 같은 경마 기수를 떠올렸다. 하지만 이 청년은 햄버거를 상대했으며 게다가 자전거를 탔다. 또 점심에 몇 시간 일하는 것만으로 같은 세대와 동등한 월급을 얻었다.

　'빈틈을 찾으면 망설이지 말고 들어가라'—이 말은 중국 비즈니스의 철칙이다. 어떤 빈틈이라도 일본보다 10배나 더 크거나 그 이상이 있기 때문이다. 빈틈을 향해 나아가면 생각지 못한 금맥을 찾는 경우도 때때로 있다.

실제로 2008년 9월 상하이교통대학교에서 같은 일을 하던 장쉬하오张旭豪 등이 '어러머饿了么(배고파?)'라는 희한한 이름의 회사를 설립했다. 중국 최초의 외식 배달 회사다.

그 후 이리미의 발진은 중국몽 그 자체였다. '징해진 시간 내로 반드시 배달하고 약속 시간을 초과하면 그 자리에서 배상한다'[32]를 표어로 내걸고 급성장했다.

2018년 4월에는 알리바바 그룹이 이 회사를 95억 달러(한화 약 12조 5천억 원)에 매수했다. 2022년 현재 중국 2천 곳이 넘는 도시에 약 350만 개의 가맹점을 보유하며 날마다 약 450만 번을 배달하고 있다. 이 회사가 보유하는 치쇼의 수는 300만 명에 이른다.

또 다른 거대 기업 메이투안美团은 후진타오 전 주석과 시진핑 주석의 모교인 칭화대학교의 전자공정과를 졸업하고 미국에서 석사를 취득한 왕싱王兴이 2010년 31세 때 설립했다. '여러분이 더 잘 먹고 더 잘 살 수 있도록 도와드리겠습니다'[33]를 표어로 내걸고 이 회사도 10년 남짓 급성장했다.

이 회사의 2021년 매출고는 전년 대비 56% 상승한 1,791억 위안(한화 약 34조 원)이었다. 왕싱 CEO는 같은 해 포브스 세계 부자 순위에서 총자산 261억 달러(한화 약 34조 원)로 60위에 올랐다. 2021년 시점에서 치쇼 527만 명을 보유하고 있다.

이 두 회사를 합하면 치쇼의 수는 827만 명이다. 국가 총계국은 2021년 말 시점에서 조사한 치쇼의 수가 약 1,300만 명이라고 했다. 이미 현대 중국을 대표하는 직업이라고 해도 좋다.

실제로 2020년 2월 치쇼는 '온라인 예약 배달원网约配送员'이라는 명칭으로 국가 직업 분류 목록의 새 직업에 명기되었다. 2021년 12월에는 〈온라인 예약 배달원 국가직업기능표준〉이 공포되어 업무 내용과 필요한 기능, 지식 등을 제시했다.

게다가 2020년 이후 코로나19 사태로 치쇼들은 시민 식생활의 생명줄이 되었다. 그래서 치쇼를 '치스(骑土, 기사)'로 바꿔 부르자는 운동도 일어났을 정도다.

리커창 총리는 2022년 3월 5일 전국인민대표대회에서 실시한 정부 활동 보고에서 "올해는 1,100만 명 넘게 도시부에서 신규 고용을 창출하겠다"라고 선언했다. 해마다 도시에서 1천만 명의 신규 취업자 창출은 공산당 정권의 가장 중요한 과제가 되었다.

하지만 앞에서 말했듯이 청년층의 취업 상황은 최악이다. 그런 가운데 치쇼는 귀중한 고용 창출 자리가 되었다.

치쇼의 세계는 '좐즈专职'라고 불리는 정규직과 '중바오众包'라고 불리는 프리랜서로 나뉘는데 후자가 압도적으로 많다. 최근 몇 년 동안 일본과 마찬가지로 그들의 열악한 대우가 사회문제가 되어 개선하지 않을 수 없게 되었다.

나도 베이징의 호텔 엘리베이터 등을 치쇼와 종종 함께 탈 때가 있다. 예전에는 말을 걸어보면 농촌에서 올라온 사람들로 "한 달에 2만 위안(한화 약 382만 원)이나 벌어요"라고 즐거워하며 대답했다.

그러나 최근에는 "대학을 나왔는데 취직할 곳이 없어서……"라는 청년이 늘어났다. 그중에는 베이징의 명문 학교를 졸업한 사람도 있다.

치쇼의 고학력화는 결코 기뻐힐 수 있는 상황이 아니다.

28. 차이니스 드림의 실체

직파대화 直播带货 / 곧을 **직**, 뿌릴 **파**, 띠 **대**, 재화 **화**

〔즈보다이훠〕

① '즈보(直播)'는 '생방송(라이브)', '다이(带)'는 '가지고 있다', '훠(货)'는 '상품'으로, '라이브 커머스(라이브 상품 판매)'에 가장 가까운 중국어 단어

¶그녀는 중국의 인터넷 사회에 '즈보다이훠(直播带货)'라는 새로운 세계를 확립했다.

㊫ 라이브 커머스

니혼게이자이신문에서 연재 중인 〈내 이력서〉라는 코너는 각계에서 성공한 사람들의 반생을 한 달 동안 직접 쓰는 시리즈다. 재미있는 달과 재미없는 달의 차이가 심하다.

　일반적으로 대기업에 들어가 순조롭게 출세하고 사장, 회장이 된 인물의 차례는 무미건조하다. 반대로 맨손으로 인생을 개척한 창업자 등의 반생에는 공감할 부분이 많다. 그중에서도 자파넷 다카타의

창업자 다카타 아키라高田明(2018년 4월) 편이 5년 동안 가장 통쾌하기 그지없었다. 나가사키현 히라도平戶의 초라한 사진점에서 출발해 몹시 고생한 끝에 일본에 TV 홈쇼핑이라는 새로운 업계를 확립했다. 정말로 '말도 잘하고 일도 잘해서' 재패니즈 드림을 이루어냈다.

사실 바다 건너편에도 '말솜씨와 손재주가 좋아서' 차이니즈 드림을 이룬 '중국의 다카타 아키라'가 있다. 여기는 아저씨가 아니라 절세 미녀다. 분위기는 젊었을 때의 렌호蓮舫 참의원 의원을 닮았다. 키 168cm의 날씬한 몸에 잘 들리는 메조소프라노의 미성이 특징이다.

본명이 본명 황웨이黃薇인 웨이야는 1985년 9월 안후이성 허페이合肥시 루장盧江현에서 태어났다. 바이두 지도로 확인하면 성도 근교라고 할 수 없는 촌스러운 한촌이다.

언제 베이징으로 왔는지 알 수 없지만 베이징 동물원 맞은편의 의류도매시장에서 평생의 반려자인 둥하이펑董海锋과 만났다. 그리고 그녀가 열여덟 살 때 두 사람은 서로 없는 자금을 털어서 시장 맞은편에서 고작 6m²의 여성복 매장을 시작했다.

그리고 2005년 그 무렵 중국 방송에서 갑자기 인기를 얻은 가요 오디션 프로그램에 응모해 멋지게 우승하고 음악사무소와 계약했다. 2007년에는 다른 음악사무소와 계약해 T.H.P라고 하는 3인조 유닛을 결성한다. 그와 동시에 고급 잡지 모델로도 활동하기 시작했다.

하지만 곧 가수와 모델에는 가망이 없는 것으로 단념하고 원점으로 돌아가로 한다. 산시성의 성도 시안으로 이주해 여성복 매장을 열었다. 매장은 번성했고 그 지역에 점포 7군데까지 확대했다.

그러던 어느 날 앞으로는 온라인 통신판매의 시대가 되리라 생각해서 실제 점포를 전부 청산했다. 광둥성의 성도 광저우로 건너가 온라인 통신판매를 전문으로 하는 여성복 매장을 설립했다. 웨이야가 옷 디자인과 모델을 담당하고 둥하이펑이 공장과 판매 매니지먼트를 맡았다.

중국 최대의 온라인 통신판매 회사 알리바바는 '탕핑' 항목에서 설명했듯이 2009년부터 11월 11일에 파격 세일을 시작했다. 처음에는 솔로데이(광군제)라고 부르다 2012년부터 더블 일레븐(쌍십일)으로 개명했다. 첫해에는 매출이 27품목 5,200만 위안(한화 약 99억 원)에 지나지 않았지만 2015년에는 약 4만 개 사가 참가해 912억 위안(한화 약 11조 4천억 원)의 매출을 올렸다.

웨이야도 2015년에 처음으로 자신의 상품을 '더블 일레븐' 사이트 '톈마오(天猫, T-몰)'에 올렸다. 하루에 1천만 위안(한화 약 19억 원) 이상을 팔아서 큰 화제를 불렀다.

이듬해 2016년 5월 웨이야는 알리바바와 정식으로 계약해서 알리바바가 운영하는 인터넷 사이트 타오바오淘宝의 '왕뤄주보网络主播'가 되었다. 한국으로 치면 인터넷 방송 BJ이고, 일본으로 말하자면 자파넷 다카다의 사원이 텔레비전에서 하는 '여러분 안녕하세요, 오늘 추천 상품은 이것입니다!'라는 역할이다. 일본과 다른 점은 텔레비전이 아니라 인터넷 방송이라는 점이다.

이렇게 해서 알리바바를 통해 웨이야는 엄청난 재능을 꽃피웠다. 그녀에게는 선전 의뢰가 쇄도했고 왕뤄주보가 된 지 불과 4개월 만에 그녀가 추천하는 상품의 매출이 1억 위안(한화 약 191억 원)을 돌파했다. 그녀의 출연료와 지명도도 천정부지로 치솟았다.

같은 해 7월 알리바바는 왕뤄주보 톱 10의 세일 이벤트를 실시했다. 1시간 동안 상품 몇 개를 팔 수 있는지 경쟁하는 이벤트로 그녀는 2만 개 이상을 팔아 빛나는 왕좌에 올랐다.

내가 웨이야의 존재를 안 것도 이 무렵이었다. 중국인 친구가 '우리나라에 신종 스타가 나타났다'라며 1분 30초 정도의 동영상을 웨이신으로 보내줬다. 나는 그 압도적인 존재감에 깜짝 놀라서 업로드된 동영상을 계속 봤다.

그녀는 단독으로 화면을 보며 어필할 때가 많은데 가장 큰 재미는 '흥정'에 있었다.

예를 들어 어느 농촌의 특산품인 백미를 판매한다고 하자. 그녀는 백미를 생산하는 지역 농협 판매원 청년을 옆에 앉히고 "당신이 먼저 카메라를 보고 선전해 보세요"라고 부추긴다. 또 청년이 부끄러운 듯이 사투리로 말하면 그 모습을 재미있게 흉내 낸다.

그런 다음 청년에게 캐묻는다. "이 쌀은 부드럽나요? 딱딱한가요?", "네, 부드럽습니다", "달아요? 매워요? 매울 리는 없나?(웃음)"

마지막은 밥그릇에 담은 밥을 먹으며 얼굴을 클로즈업해서 찍는 카메라를 향해 눈물을 글썽이며 중얼거린다. "아~ 행복해!"

상품이 있어서 그것을 웨이야가 선전한다기보다 웨이야라는 강렬한 연예인이 있고 그 주위에 상품이 놓여 있다는 이미지다. 또한 그녀는 그 미모의 표정이나 몸짓을 교묘하게 바꿔서 상류 계급 마담처럼 행동할 때도 있는가 하면 변두리 행상을 연기할 때도 있었다. 그 목소리는 앞에서 말했듯이 어디까지나 꿰뚫고 나가는 메조소프라노의 미성이다.

중국 사회는 완전한 약육강식의 실력사회라서 성공하면 허물이 없다. 그녀는 중국의 인터넷 사회에 '즈보다이휘直播带货'라는 새로운 세계를 확립했다. '즈보直播'는 생방송(라이브), '다이带'는 가지고 있다, '휘货'는 상품이다. '라이브 커머스(라이브 상품 판매)'라는 말이 가장 잘 어울릴 것이다.

그런 그녀의 존재에 주목한 것은 알리바바뿐만이 아니었다. 시진핑 주석이 명령해서 진행하는 중요 정책이자 탈빈곤 정책인 '퉈핀궁젠脱贫攻坚'으로 온갖 고생을 한 관료들도 관심을 보였다.

'5천 년 중국 역대 왕조에서 아무도 이루지 못한 탈빈곤을 2020년까지 실현하고 (2021년 7월) 공산당 창건 100주년을 성대하게 축하한다'—시진핑 주석은 14억 중국 국민에게 그렇게 공약했다. 하지만 실제로는 지방에 가면 빈곤 지역투성이다. 난감한 관료들은 지방의 특산품을 웨이야에게 어필하게 하면 좋겠다고 생각했다.

그래서 2018년 삼고초려로 그녀를 맞아 공익 라이브公益直播를 시작했다. 효과는 뛰어나서 빈곤 지역의 누계 3천만 개나 되는 농산품

이 팔렸다!

웨이야의 라이브 방송 중 알리바바 창업자인 마윈 회장이 불쑥 나타나 그녀에게 깊은 감사의 뜻을 전한 적도 있었다. 뭐니 뭐니 해도 웨이야는 알리바바 최대 이벤트 '더블 일레븐'의 모습도 바꿨다. 웨이야에 이어 수많은 인플루언서가 나타났다. 출연료가 비싼 인플루언서를 고용할 수 없는 회사는 사장이 직접 왕훠주보가 되어 라이브 영상에 등장했다. 일본계 기업의 현지 대표들도 그곳에서 자사 제품을 선전했다.

수많은 표창을 받은 웨이야는 2020년 신종 코로나바이러스의 영향으로 중국 경제가 마비되자 '푸궁푸찬復工復産', 즉 '일과 생활의 부활'에도 조력했다. 같은 해 더블 일레븐에서는 혼자서 6억 위안(한화 약 1,145억 원)이나 매출을 올려서 신기록을 세웠다. 그야말로 '폭풍

판매의 여왕'이었다.

2021년에 들어서자 2월 중국판 '홍백가합전'●인 국민 프로그램 〈춘완春晚〉에 출연했고, 9월에는 미국 〈타임〉지가 '세계에서 가장 영향력 있는 100인'으로 뽑기도 했다.

하지만 같은 해 8월 앞에서 말했듯이 시진핑 주석이 새로운 정책 궁퉁푸위를 큰소리쳤다. 그것은 부유층의 수입을 조절한다는 뜻이었다. 이때부터 그녀의 형세가 완전히 바뀐다.

같은 해 12월 20일 신화통신이 갑자기 단문의 기사를 보도했다.

'저우장성 항저우시 세무국에 따르면 왕뤄주보 황웨이(인터넷명 웨이야)가 2019년부터 이듬해까지 개인 수입을 은닉하고 허구 업무를 수입으로 전환시키는 등 허위 신고해서 6억 4,300만 위안(한화 약 1,227억 원)을 탈세하고 기타 6천만 위안(한화 약 114억 원)의 세금 신고를 누락했다. 법률에 따라 황웨이에 대한 세무 행정상 처리 처벌을 결정했다. 추징 과세, 체납금 및 벌금을 합해서 13억 4,100만 위안(한화 약 2,558억 원)을 부과했다.'

이날을 기점으로 웨이야는 갑자기 사회에서 모습을 감췄다. 업로드된 인터넷 동영상도 모조리 삭제되었다. 시진핑 정권의 표어인 중국몽을 실현한 또 한 명의 중국인이 꿈에서 깨어났다.

───

● 일본에서 매년 열리는 연말 가요제 – 편집자

29. 중국에 만연한 썩은 건물들

난미루烂尾楼 / 문드러질 **란**, 꼬리 **미**, 다락 **루**
〔란웨이러우〕
① 직역하면 '끝이 부패한 아파트'로, 1년 넘게 공사가 중단된 아파트를 가리키
　는 말
¶당신의 집 주위에 란웨이러우(烂尾楼)는 없나요?
⑪ 란웨이궈(烂尾国)

고대부터 남자는 '우즈五子(다섯 가지)'를 목표로 했다. 즉 '진즈金子,
처즈車子, 팡즈房子, 뉘즈女子, 얼즈儿子'(재산, 자동차, 집, 여자, 아들)이다.
　20세기 말 주룽지朱镕基 총리가 국유 기업 개혁을 과감하게 단행했
다. 그때까지의 사택 제도를 개선해 '집은 직접 사거나 빌리는 것'이
라는 새로운 상식을 국민에게 심어주었다.
　직후 2001년 중국은 16년이나 협상한 끝에 WTO(세계무역기구)에

가입해 세계 무역 규칙을 따르게 되었다. 그 일을 계기로 중국에 다국적 기업의 진출이 쇄도했고 도요타도 2002년 톈진에서 자동차 생산을 시작했다.

이렇게 해서 21세기에 들어서자 팡즈와 처즈가 부활했다. 다시 말해 중국 전역에서 공전의 '내 집 & 내 차 유행'이 갑자기 일어났다.

나는 2009년부터 2012년까지 베이징에 살았는데 당시에는 날마다 여기저기서 고층 아파트 판매소가 특설되었다. 나는 그런 모델하우스를 견학하는 것을 좋아해서 총 50채 이상을 들여다봤다. 휴일이면 어디나 북적였고 판매소 한구석에서는 엔화로 수천만 엔 단위의 현금이 난무했다.

중국의 아파트 매매는 일반적으로 모델하우스 단계에서 대금을 전액 지불하고 구입하며 부동산 업자는 구입자에게서 모은 자금으로 집을 건설한다. 구입자가 일괄 지불하지 못하면 계약금만 자기 자금으로 내고 나머지는 은행에서 대출을 받는다(〈주팡다이콴〉, 住房贷款).

중국의 주택 버블은 'GDP의 25%를 노린다'라고 했다. 먼저 아파트를 건설하는데 철강과 시멘트, 유리 등을 대량으로 사용한다. 고객은 구입하면 가구와 전자 제품 등을 구입한다. 또 아파트 단지 주위에는 편의점, 마트, 레스토랑부터 피트니스센터, 영화관까지 다양한 상업 시설이 문을 연다. 일본의 약 26배나 넓은 국토에서 이런 일이 일어났기 때문에 중국 경제는 비약적으로 성장했다.

베이징 주재원 시절 나는 한 달에 한 번은 지방 출장을 갔다. 지방 도시도 여기저기 건설이 폭주해서 번쩍번쩍한 고층 아파트 단지가 보였다. '나라가 성장하면 이렇구나' 하고 실감했다.

하지만 빛이 있으면 그늘도 있는 법이다. 지방 출장 때 의아한 광경을 본 적이 있다. 신축 아파트 입구가 폐쇄되었거나 벽면 콘크리트 일부가 금이 가거나 밤이 되면 전기가 꺼져 있는 것이다.

2010년 정도부디 '완성하기는 했지민 사는 사람이 없다'는 아파트가 화제가 되었다. 허베이성 탕샨唐山이나 네이멍구 자치구 어얼뒤스鄂尔多斯처럼 시의 교외에 광대한 뉴타운을 건설했지만 그 계획 자체가 좌절되었다는 도시도 나타났다. 이른바 'GDP 낭비'다.

이러한 아파트 단지를 가리켜서 '귀청鬼城'이라는 신조어가 탄생했다. 영어로 고스트 타운을 말한다.

인터넷에는 고스트 타운 마니아를 뜻하는 '귀청미鬼城米'라는 한가한 종족까지 나타났다. 전국의 귀청을 찾아다녀서 사진으로 찍어 올린다. '귀청미' 사이에서는 '10대 귀청', '20대 귀청' 등 분위기가 들썩였다.

그러나 당시 GDP는 해마다 10%이상 성장하는 버블 경제의 한창때였다. 이따금 귀청이 생겨나도 인터넷에서 웃고 지낼 수 있는 한가로운 시절이었다.

2013년 우는 아이도 뚝 그치는 시진핑 시대에 들어서자 상황은 완전히 달라졌다. '호랑이(대간부)와 파리(말단 관리)를 동시에 때려잡는다'를 표어로 삼고 대규모 숙청이 시작되었다. 부패분자로 단정된 간부들이 점점 실각했다. 그 수가 5년 동안 153만 7천 명이었다!

우리 일본 주재원은 그때까지 중국 사회에 만연한 뇌물을 '중국의 특색 있는 소비세'라고 불렀다. 뇌물은 당연히 나쁘지만 소비세를 상승시키면 모든 일이 순조롭게 진행됐다.

그런데 시진핑 시대가 되고 그러한 '윤활유'가 사라졌기 때문에 관료들은 당연히 해야 할 일을 하지 않았고 경제는 침체되었다. 또한 얄궂게도 귀청은 급증했다.

2015년 여름에는 주가가 폭락하고 환율이 급락해서 귀청은 어느 도시에서나 풍경의 일부가 되었다. 하지만 고스트 타운 마니아 사이트인 '귀청미왕鬼城米网'은 완전히 사라졌다.

여하튼 시진핑 정권은 귀청 문제를 해결하기 위해 2015년부터 '공급측 구조 개혁'이라는 신정책을 실시했다. 구체적으로는 '세 가지(생산 초과, 재고 초과, 금융 위험)의 제거와 한 가지(생산 비용)의 하강과 한 가지(취약 부분)의 보강'이라고 해서 전국 아파트 재고를 없애라는 지령이 내려왔다.

이를 위한 방책으로 '한 가정에 한 채 방침'이 철저해졌다. 같은 해 말, 그 다음 해의 경제 방침을 결정하는 중요 회의인 중앙경제공작회의에서 시진핑 주석은 '집은 사는 곳이지 투기하는 곳이 아니다'라고 강조했다. 시진핑 주석은 이 말을 2017년 10월 제19회 공산당대회 연설에서도 역설해서 유행어가 되었다.

하지만 문제는 더 악화되었다. 필사적으로 아파트 가격 급등을 억

제해도 서민 연봉의 몇십 배나 되기 때문에 역시 그림의 떡이었던 것이다. 또 투기를 금지한 탓에 재고가 더 쌓이고 말았다. 게다가 2020년 코로나19 사태가 벌어졌다.

2021년 가을 마침내 우려하던 사태가 일어났다. 광둥성에 본사를 둔 중국 부동산 업계 2위의 헝다 그룹이 자금난에 빠졌다.

헝디의 2020년 매출고는 5,072억 위안(한화 약 97조 원)에 달했다. 중국 280군데 이상에 지부를 뒀고 종업원이 20만 명이었다. 2021년 〈포춘 글로벌 500(세계 500대 기업)〉에서 122위를 차지한 거대 기업이다. 허난성의 빈곤층에서 출세한 창업자 쉬쟈인許家印 회장은 '광저우의 황제'라고 떠받들었고 중국에서 가장 인기 있는 프로축구팀 광저우 헝다(현 광저우 FC)도 보유했다.

허 쉬쟈인 회장의 말로 가장 유명한 것은 '마이마이마이买买买, 허허허合合合, 췐췐췐圈圈圈, 다다다大大大, 하오하오하오好好好'다. '매수와 합병으로 동료(췐, 圈)를 늘리면 커지고 좋아진다'라는 의미다. 각한자를 세 번씩 중복한 것이 투지 있게 일을 추진하는 쉬쟈인 회장의 성격을 나타냈다.

그런 헝다가 갑자기 파산 위기를 맞았다. 파산하면 '중국판 리먼 쇼크'가 일어날 가능성이 있었다. 중국 정부도 초조해져서 부동산부터 전기자동차까지 8개 부문이 있는 헝다 그룹을 해체해 다른 회사로의 매수를 유도하는 등 소프트랜딩화를 도모했다.

그러나 부동산업계에서는 '25개 회사 리스트'라는 것이 나돌았다.

헝다처럼 언제 파산해도 이상하지 않은 업계 대기업, 중견 회사가 25개 사나 있다는 내용이었다. 나도 그 리스트를 입수했는데 거기에는 25개 사의 상세한 내부 사정이 적혀 있었다.

또한 2022년이 되자 주택 대출금 변제 거부 운동이 현저해졌다. 부동산 사회의 자금 융통이 악화되어 아파트 건설을 도중에 포기하는 사례가 이어지자, 화가 난 구입자들이 은행에 대출금 변제를 거부한 것이다.

당황한 것은 은행이다. 중국인민은행(중앙은행)에 따르면 같은 해 6월 말 시점에서의 개인용 주택 대출금 잔고가 38조 8,600억 위안(한화 약 7,411조)이었고 전체 대출 잔고가 약 20%를 차지한다. 그중 2조 위안(한화 약 381조)이 변제 거부당할 위험이 있다고 중국에서 가장 전통 있는 광파廣發 증권이 시사했다.

그런 이유로 '란웨이러우烂尾楼'라는 신조어가 탄생했다. '란烂'은 부패하다, '웨이尾'는 끝, '러우楼'는 아파트. 직역하면 '끝이 부패한 아파트'—1년 넘게 공사가 중단된 아파트를 가리킨다.

'당신의 집 주위에 란웨이러우는 없나요?'—SNS에서 그렇게 질문하자 곧 전국 각지에서 '있다'는 대답이 쇄도했다.

중국 자체가 '란웨이궈烂尾国'(공사가 중단된 국가)가 되지 않길 바란다.

한국의 신경 쓰이는 이웃

30.남장을 한 미인이라고 하면……

범학凡学 / 무릇 **범**, 배울 **학**

〔판쉐〕

① 판열시이메이귀 문학(판열시이는 베르사유의 음차, 메이귀는 장미)의 줄임말. 고
급 호텔이나 사치품, 와인 등을 소재로 SNS에 올라오는 글. 행간에 우월감
이 배어나온다.

¶인터넷과 SNS에서는 이러한 판쉐(凡学)를 찾아내면 빈정거림을 담아서 논하
는 일이 유행하기 시작했다.

⑭ 판런(凡人), 판티(凡体), 판옌(凡言), 판량(凡量)

지금부터 뜻을 밝히기 전에 '판쉐'가 의미하는 점을 알아차린 독자가
있을까? 만약 있다면 나는 경의를 표하며 펜을 내려놓고 그분에게 설
명을 양보하고 싶을 정도다.

고대의 불경을 기록한 문자를 범어(梵語, 산스크리트어)라고 하니까
'판쉐(범학)'는 아무래도 불교 용어인가? 아니, 틀렸다.

1972년부터 이듬해까지 당시 20대 초반이었던 만화가 이케다 리

요코池田理代子가 소녀만화 잡지 〈주간 마거릿〉에 역작 〈베르사유의 장미〉를 연재했다. 1789년 프랑스 혁명을 배경으로 남장을 한 여인 오스칼과 프랑스 왕비 마리 앙투아네트 등의 사랑과 낭만을 그린 역사 드라마다.

1972년 일본을 돌아보면 2월 삿포로 동계올림픽이 열렸고 히노마루 비행대가 눈부시게 활약하던 시기다. 5월 미국의 오키나와 반환, 7월 일본열도 개조론을 내건 다나카 가쿠에이田中角栄 내각 발족, 9월 중일 국교 정상화 등 새로운 시대를 위해 힘차게 나아갔다.

이러한 화려한 시대 배경에 맞춰서 일본에 '베르사유의 장미 붐'이 일었다. 단행본은 누계 2천만 부를 넘어 크게 히트했고 그 후 연극, TV 애니메이션, 영화로 만들어졌다.

당시 초등학교 저학년이었던 나에게 〈베르사유의 장미〉는 생전 처음으로 읽은 소녀만화였다. 같은 반 여자아이들이 다 읽은 후에 손때가 묻은 〈주간 마거릿〉을 빌려줬다. 나는 두근거리며 페이지를 넘겼다.

그런 인기 작품을 중국이 그냥 지나칠 리가 없다. 중국은 오랫동안 해적판 무법지대 시대가 이어지다 1991년 저작권법을 시행했다. 이듬해 1992년 만국 저작권 조약과 베른 조약(문학적 및 미술적 저작물의 보호에 관한 베른 조약)에 가맹하여 해외 작품의 번역 출판 붐이 도래했다.

그 붐을 타고 1992년 〈베르사유의 장미〉의 중국판 번역권을 중국

원롄文联 출판사가 사서 출판했다. 중국에서도 〈베르사유의 장미〉는 불이 붙었다. 1970년대 생인 치링허우나 1980년대 생인 빠링허우의 중국인 여성 중에는 이 작품의 영향을 받고 자란 사람이 많다.

생각해보면 30년 전의 중국은 개방감으로 넘친 시대였다. 1992년 연초에 최고 실력자 덩샤오핑이 87세의 노구에 채찍질하며 자신이 만든 광둥성 경제특구 선전을 시찰하고 '개혁 개방을 가속하라!'라고 지시했다(난쉰南巡 담화). 그리고 같은 해 10월 제14회 공산당대회에서 사회주의 시장 경제를 당의 기본 방침으로 정하고 이듬해 3월에는 헌법 제15조로 규정했다. 그야말로 '세계의 좋은 문화를 받아들여서 배우자'라는 기개로 가득했다.

하지만 1997년 2월 덩샤오핑이 서거하자 이듬해 3월 열린 량후이(전국인민대표대회와 중국인민정치협상회의)의 회기 중 장쩌민 주석이 '우리나라 청소년은 일본 만화문화에 악영향을 받고 있다'라고 일갈했다. 이후 일본 만화는 사실상 출판이 금지되었다.

내가 베이징 주재원으로 판권 사업을 하던 10년쯤 전에도 만화 판권을 팔지 못해서 엄청 고생했다. 궁여지책으로 베이징의 만화, 애니메이션 성지 중국 촨메이(传媒, 미디어) 대학교에 만화학교를 개강하기도 했다. 일본 만화가를 베이징에 초대해서 강사를 부탁하고 '만화 그리는 법'을 비즈니스로 삼았다.

중국에서 일본 만화는 지금에 이르기까지 고난의 시대가 이어졌다. 최근에는 세계적 인기를 끈 〈진격의 거인〉도 금서로 취급되었다.

좋았던 시절의 〈베르사유의 장미〉로 이야기를 되돌리겠다. 이 중국어판 제목은 '판얼사이메이귀凡尔赛玫瑰'. '판얼사이凡尔赛'는 베르사유의 음역이며 '메이귀玫瑰'는 장미라는 뜻이다.

이제 알겠는가? '판쉐'는 판얼사이(메이귀) 문학, 즉 베르사유(의 장미) 문학의 줄임말이다.

2020년 5월 '베르사유의 장미 세대'인 '샤오나이추小奶球'라는 필명의 중국인 여성이 웨이보(중국판 트위터)에서 베르사유 문학에 대해 자신의 의견을 올렸다. 이 글이 같은 세대 중국인 여성들 중심으로 화제를 불렀고 그녀는 '베르사유 문학의 창시자'로 일컬어졌다. 게다가 베르사유 문학이라는 신조어가 이 해의 인터넷 유행어가 되었다.

그럼 베르사유 문학이란 무엇인가? 그것은 문학 작품의 장르가 아니라 어떤 형태의 인터넷이나 SNS에 올리는 글을 가리킨다. 광둥성 광저우에 본사를 둔 유력지 〈난팡저우머南方周末〉(2020년 7월 30일자)의 인터뷰에 응한 샤오나이추는 베르사유 문학에 대해 이렇게 설명했다.

"SNS에 날마다 고급 호텔이나 사치품, 와인 같은 걸 올리는 사람이 있어요. 행간에 우월감이 배어 나오죠.

이게 일본 만화 〈베르사유의 장미〉 같은 감성이에요. 그래서 전 그런 사람들이 올린 글을 베르사유 문학이라고 부르고 빈정대고 싶어집니다.

'베르사유 문학'은 다음 3요소로 총괄할 수 있어요.

첫째로 먼저 억제하고 나중에 치켜세운다. 또는 표면적으로 깎아내리고 실제로는 칭찬한다.

둘째로 자문자답하며 평자들이 모여 인정해주는 것을 좋아한다. 셋째로 임기응변에 제3자의 시점을 활용해 다른 사람의 입을 빌려 자신을 칭찬하게 한다.

중요한 긴 일종의 '셴자이푸중즈푸身在福中不知福', 즉 자신이 행복한 상태지만 행복한 것도 모르고, 여리고 속이 텅 비어서 상처 입은 상태죠."

그녀는 이 인터뷰에서 베르사유 문학의 구체적인 예도 들었다.

'여행지인 이탈리아에서 마트에 들렀더니 옷차림이 멋진 노인이 이베리코 돼지로 만든 베이컨을 추천했어. 이건 미네랄이 듬뿍 함유된 초원에서 자란 흑돼지 100%의 혈통서가 있고 달콤새콤한 맛이나.'

'남편이 샤넬 가방을 선물했는데 아니 이렇게 볼품없는 걸 사줬을까. 나도 모르게 불평했지 뭐야.'

그녀가 주동자가 되어 인터넷과 SNS에서는 이러한 베르사유 문학을 찾아내면 빈정거림을 담아서 논하는 일이 유행하기 시작했다.

그런 가운데 '대표적 베르사유 문학 작가'라고 평가받은 사람이 1990년생 여성 작가 멍치치蒙淇淇다. 이 필명은 아마 일본 인형 '몬치치'에서 따온 것이라고 생각된다. 그녀는 자신의 웨이보에 이를테면 이런 글을 올린다.

"3년 전에 처음으로 고급 별장 지구에 들어갔을 때는 거기서 만난 부인에게 '몇 호에 사세요?'라고 물어봤어. 그랬더니 '아파트도 아니고 몇 호냐니, 여긴 한 채씩 되어 있어요'라며 나무랐어. 하지만 최근에는 내가 다른 사람한테 같은 질문을 받고 있어."

그녀는 지금은 '베르사유 문학 작가'를 자칭하며 팔로워 수를 늘리고 있다. 판쉐가 유행어가 된 이후 그 말에서 여러 파생어가 생겨났다. 일부를 소개하자면—.

• 판런凡人: 다른 사람의 눈치를 보지 않고 날마다 베르사유 문학을 계속 올리는 부유층.
• 판티凡体: 베르사유 문학자(판런)로 변한 사치스러운 몸.

- 판옌凡言: 베르사유 문학적인 문체, 표현. 판위凡语도 동의어.

- 판량凡量: 그 사람의 베르사유 문학적인 정도, 물든 방식.

    서민이 이런 형태로 선망의 대상인 부유층을 비꼬는 것은 어떤 의미에서 건전한 놀이일 수 있다. 서민은 그렇게 해서 우울함을 떨쳐내고 부유층에도 실질직인 해는 없기 때문이다.

    하지만 중국 귀족 문학의 최고 걸작《홍루몽紅楼梦》에 감명받은 홍미红米(홍루몽 팬) 세대인 나로서는 어쩐지 '문화 후퇴'가 일어난 듯한 생각도 든다…….

31. 중국인들은 '이것'으로 유명하다?

미혹행위 迷惑行为 / 미혹할 **미**, 미혹할 **혹**, 행하다 **행**, 하다 **위**

〔미훠싱웨이〕

① 중국에서 유행한 일본 여행 붐에서 생겨난 단어. 중국인 관광객들이 하는 일종의 민폐행위를 가리키는 말.

¶거기 당신, 미훠싱웨이(迷惑行为)야!

¶그녀는 중국인 관광객의 미훠싱웨이(迷惑行为) 장면을 업로드했다.

⊕ 진상 짓, 민폐행위

일본 정부는 2009년 7월 중국인의 개인 관광 비자를 해제했다. 전년 말에 중국을 대표하는 펑샤오강冯小刚 감독의 연애 영화〈쉬즈더원〉(원제는〈페이청우라오非诚勿扰〉)이 공전의 히트를 기록하며 촬영지였던 홋카이도에 대한 동경이 고조되었다. 이때부터 둑이 터진 것처럼 중국인 관광객이 일본으로 물밀듯이 몰려왔다.

비자가 풀렸을 때 나는 베이징에 살았다. 새로운 것을 좋아하는 카메라맨 친구(당시 30세의 베이징 남성)가 당장 비자를 받아서 5일 동안 혼자서 도쿄 여행을 떠났다. 그는 귀국하자마자 흥분이 가라앉지 않은 상태로 나에게 체험담을 들려줬다.

"뭐에 감동했냐면 첫째는 한밤중의 이케부쿠로 라멘집이었어요. 전 일본어를 못해서 조금 긴장했지만 혼자서 가게에 들어가 봤죠. 가게는 만석이었고 대기석으로 안내해줬어요. 그리고 10분 정도 지나서 맨 끝자리에 앉아서 기다렸어요.

그러는 동안 가게 안을 봤더니 다 먹은 손님이 일어나자마자 세 방향에서 점원들이 날아와서 10초 만에 테이블을 정리하고 행주로 닦더라고요. 또 테이블을 반짝반짝 닦고 다음 손님을 불렀어요. 그 광경을 보고 '이게 선진국의 모습이구나'라고 감탄했어요."

그의 이야기를 듣고 나는 어안이 벙벙했다. 손님이 다 먹고 자리를 뜨면 점원이 테이블을 정리하는 일은 당연하지 않나?

그 후 '중국인의 시점'은 일본인과 다르다는 것을 깨달았다.

내가 베이징에서 한 업무 중에 중국 문화산업 관련 기업의 코디네이션이 있었다. 그들이 일본에 시찰하러 갈 때 비자 취득부터 시작해서 시찰 장소와 호텔을 알아보거나 통역을 겸임해 가이드 역할을 했다.

10명 전후의 투어가 많았는데 출발하는 날 아침 베이징수도국제공항의 항공회사 티켓 카운터에서 만나기로 하지만 그때부터 내 두통이 시작된다.

먼저 약속 시간이 되어도 대체로 두 사람은 나타나지 않는다. 휴대폰으로 전화를 걸어보면 한 명은 늦잠, 다른 한 명은 공항의 다른 터미널에 가 있다. 날짜를 착각한 사람도 있었다. 또 약속 시간에 모여도 여권을 놓고 온 사람이 있다. 아무튼 모두 실수 없이 도쿄로 간 일이 드물었다.

도쿄에 도착한 후에도 기업 시찰 등에는 시큰둥하고 오직 쇼핑과 식사에만 관심이 있다. 그건 상관없지만 각자 자기주장이 너무나도 강해서 마지막 날이 되면 나는 완전히 지쳐 그대로 도쿄에서 쉬고 싶은 마음에 휩싸인다.

그런 중국인 투어에서 그들이 관심을 보이며 기념사진을 찍는 '의외의 장소' 두 군데가 있었다.

한 군데는 도쿄의 길거리에 놓여 있는 자동판매기다. 당시 중국에는 자동판매기가 없었기 때문에 엄청 신기해했다.

자동판매기를 앞에 두고 그들은 주로 세 가지를 질문했다.

"이렇게 많은 상품을 다루면 동전이 막히거나 상품이 안 나올 때는 없나요?"

"자동판매기 옆에는 반드시 캔이나 페트병을 버리는 휴지통이 놓여 있는데 마신 사람은 반드시 거기에 버리나요?"

그들이 감탄하는 또 다른 곳은 주택가 구석 등에 설치된 쓰레기장이었다. 그곳에는 '월요일은 타는 쓰레기, 화요일은 타지 않는 쓰레기……' 등이라고 적힌 게시물이 붙어 있다. 때로는 중국어도 병기되어 있어서 놀랄 때도 있었다.

베이징에서는 2008년 여름 올림픽을 개최하기에 앞서 큰길의 쓰레기통이 일반 쓰레기와 재활용 쓰레기로 분리되었다. 그 이후 나도 분리 수거해서 버렸는데 어느 날 밤 쓰레기 수거차가 수거하는 모습을 목격했다. 청소부가 쓰레기통 뚜껑을 열자 분리된 것은 쓰레기 투입구뿐이고 내용물은 아니었다!

아무튼 중국인 사이에서 일본은 압도적으로 가장 인기 있는 여행지가 되었다. 일본에 좋은 일은 그들의 싹쓸이 쇼핑으로 일본 경제가 윤택해졌다는 점과 일본을 방문한 중국인 대부분이 '친일파'가 된 점이다. 그들은 역사 교과서나 항일 드라마의 영향으로 일본인을 마치 귀신이나 악마처럼 생각하며 자랐는데 '실제로 와보니 이처럼 친절

한 사람들이었느냐'며 평가가 완전히 바뀐다.

덧붙여 '간징干净, 안징安静, 안췐安全'이 일본의 대명사가 되었다. '간징'은 '깨끗하다, 청결하다'라는 의미다.

중국에서는 한때 일본 여행을 '시페이여우洗肺游'라고 했을 정도다. 직역하면 '폐를 씻는 여행'. PM 2.5의 스모그로 고생하던 중국인은 나리타공항이나 간사이국제공항 등에 내려서자마자 크게 심호흡을 하며 폐를 정화하는 여행을 시작한다는 뜻이다.

그런 일본 여행 붐에서 생겨난 유행어가 '미훠싱웨이(迷惑行为, 민폐 행위)'다. 중국인이 일본 여행을 할 때 스마트폰에 전송되는 전자판 팸플릿에 '다음 행위는 일본에 가면 미훠싱웨이(메이여우궁더더싱웨이, 没有公德的行为)라고 받아들이니 조심하세요'라고 적힌 것을 본 적이 있다. 미훠싱웨이라는 중국어는 없지만 일본 한자어가 이국적이라서 굳이 적고 중국어 뜻을 첨부한 것이다.

그러자 일본 여행을 하고 돌아온 중국인들을 중심으로 중국의 일상 광경을 동영상이나 사진으로 찍어서 '내가 본 미훠싱웨이'라는 제목을 달아 더우인TikTok에 올리는 일이 유행하기 시작했다. 나중에는 일본에 여행을 가지 않은 사람도 올리기 시작했다.

개와 산책하며 아무렇지 않게 개똥을 길에서 치우지 않고 지나가는 사람, 덥다고 상체를 홀딱 벗은 채 버스를 타는 사람, 레스토랑 화장실에서 액체비누를 홀랑 다 쓰는 사람⋯⋯. '거기 당신, 미훠싱웨이야!'라는 음성과 글이 섞인 독특한 영상에 나도 모르게 쓴웃음이 난다.

나는 일주일에 한 번 메이지대학교에서 300명 정도의 학생들에게 동아시아 국제관계론을 강의한다. 몇 년 전 학생 중에 고급 브랜드를 몸에 휘두른 중국인 여자 유학생이 있었다. 부유층 딸인 줄 알았더니 한 달에 100만 엔이나 버는 '왕훙网红'이라고 한다. 왕훙은 인터넷 동영상 인플루언서를 말한다.

그녀는 중국인 관광객의 '미훠싱웨이' 장면을 업로드했다. 수업이 끝나면 신주쿠나 시부야 등 중국인 관광객이 많은 장소에 가서 몰래 '미훠싱웨이'를 찍으며 돌아다닌다. 그걸 집에서 편집해 '오늘은 이런 미훠싱웨이를 발견!'이라는 제목으로 영상을 올리는 것이다.

실제로 그녀가 찍은 영상을 봤는데 길거리에서 큰 소리로 말하는 장면이거나 레스토랑 간판을 멋대로 움직여서 기념사진을 찍거나 하는 행동이 담겨 있었다.

아무튼 코로나19 사태가 일어나기 전인 2019년에는 959만 4,394명이나 되는 중국인 관광객이 일본을 찾았고 크루즈 관광객 수를 제외한 799만 5,815명만으로 1조 7,704억 엔(한화 약 17조 5,300억 원)이나 소비했다. 소비 총액은 외국인 관광객 전체의 36.8%에 해당하며 중국인 1인으로 환산하면 21만 2,810엔(한화 약 211만 원. 일본 관광청 발표). 그야말로 싹쓸이 쇼핑을 하는 중국인의 위력을 보여줬다.

하지만 요즘에는 신경 쓰이는 일도 생겼다. 예의 일본 여행자용 전자판 팸플릿에는 이렇게 적혀 있었다.

"'20세기를 그리워하는 여행'을 환영합니다. 일본에서는 중국의 스마트폰 결제를 대부분 사용할 수 있지만 막상 일본인은 아직 20세기처럼 현금으로 지불합니다. 그러니 먼저 지갑을 구매하세요(중국에는 이제 안 팔아?). 호텔에서는 20세기처럼 카드 키가 아닌 열쇠를 줍니다.

택시를 잡을 때는 20세기처럼 길 위에서 손을 들어서 잡으세요. 일본의 편의점에는 종이 신문과 잡지가 많이 꽂혀 있습니다.

그 밖에도 많은 장소에서 20세기 광경을 볼 수 있습니다……"

32. 옛날부터 신성시되어온 동물에 얽힌 이야기

금리錦鯉 / 비단 **금**, 잉어 **리**

[진리]

① 직역하면 비단 잉어리는 뜻으로, '행운을 얻은 사람', '부유해진 사람'을 빗대어 표현하는 말.

¶ 알리바바가 운영하는 알리페이(즈푸바오)의 공식 웨이보에서 '당신이 중국의 진리(錦鯉)가 되는 것을 축하하겠다'라는 제목의 이벤트가 실시되었다.

㊀ 니시키고이(錦鯉)

2021년 12월 19일에 열린 M-1 그랑프리 2021 결승●에서 '니시키고이錦鯉'가 전국 6,017팀 엔트리 중에서 정점에 올랐다. 니시키고이는 당시 50세의 하세가와 마사키長谷川雅紀와 43세의 와타나베 다카시渡辺隆로 구성된 만담 콤비로 17회차 대회에서 사상 최연장자로 우승

● 일본에서 가장 재미있는 희극인을 가리는 대회 - 편집자

했다.

심사위원 7명 중 5명이 니시키고이에게 투표했을 때 텔레비전을 보던 나는 무심코 "왜?"라고 했다. 나는 나와 같은 세대의 부산스러운 콤비의 재미를 도무지 이해할 수 없었다(미안합니다).

내가 보기에는 결승에 남은 10팀 중 천재적인 감성을 가진 것은 '오즈왈드'였다. 정말로 10년에 한 번 나올 만한 뛰어난 재능을 가졌다!

하지만 오즈왈드에게 투표한 심사위원은 오루교진オール巨人뿐이었다. 오래 알고 지낸 그 사부를 만나 물어보니 역시나 '재능이 너무 뛰어나서 아무도 흉내 낼 수 없는 수준이었다'라고 말했다. 그리고 우리 둘이서 한동안 오즈왈드 이야기에 열중했다.

왜 문외한인 내가 만담에 그렇게 잔소리가 많은가 하면 나는 베이징에서 지냈을 때 중국의 만담인 '샹성相声'에 빠졌기 때문이다. 베이징에서는 라디오에 사실상 샹성 전문 채널이 있어서 언제 어디서나 택시를 타도 운전기사는 볼륨을 한껏 높여서 샹성을 들었다. 손님이 어떻게 생각하든 상관없고 핸들을 잡고 포복절도한다.

'중국을 알려면 서민의 희로애락을 알아라' 이 철칙을 따라 샹성 연구를 시작했는데 이게 정말로 심오한 세계였다.

샹성은 베이징, 톈진, 난징이 '3대 본거지'다. 베이징은 너무 폼을 잡고 난징은 거리상으로 멀다. 그래서 나는 촌스러운 연기가 특징인 톈진을 좋아했다.

휴일이 되면 답답한 베이징을 빠져나가 고속철도로 한 정거장 거리인 톈진까지 가서 샹성의 전당 밍류차관名流茶馆에 틀어박혔다. 일류 샹성에는 중국 대륙의 황토가 자아내는 냄새가 가득 차 있다. 웃음은 물론 중국 문화의 깊이에 감격의 눈물을 흘린 적도 있었다.

당시의 나는 수많은 일본 문화와 마찬가지로 만담의 기원도 중국의 샹성이 아닐까 주목했다. 실제로는 각각의 발전 시기로 봐서 반드시 그렇다고 할 수는 없지만······.

참고로 일본 예술문화 진흥회 홈페이지에서는 만담의 기원을 이렇게 기록한다.

"만자이(万歳, 만담)는 새해에 축하하는 말을 가창해서 집의 번영과 장수를 기리는 예능인 '센즈만자이千秋万歳'를 줄인 말이라고 합니다. 축하 예능인 만자이는 일본 각지로 퍼져서 각각의 지역에 뿌리 내려 지방색을 나타내며 계승되었습니다."

다시 M-1 그랑프리를 우승으로 이끈 니시키고이의 이야기로 넘어가겠다. 중국어로는 당연히 '니시키고이'라고 하지 않고 '진리'라고 읽는다.

고대 중국에서 잉어는 기독교의 천사와 같은 존재라고 믿어왔다. 즉 지상과 천계를 이어주는 신성한 물고기다.

예를 들어 전한 시대에 쓰였다고 하는 《열선전列仙傳》에는 잉어의 등을 탄 사람이 승천해서 신선이 되었다는 전설이 기록되어 있다. 이어지는 후한 시대(25~220년)에 쓰인 《삼진기三秦記》는 잉어가 뛰어올라 천계의 용문에 이른다는 이야기다.

그 후에도 잉어는 축하하는 시구에 종종 등장했다. 그런 점에서 중국 귀족들은 집 정원의 연못에서 잉어를 키우게 되었다.

이러한 중국 귀족의 습관이 일본에도 들어와 '고이노보리(鯉幟, 천이나 종이로 만든 잉어 깃발. 일본에서 어린이날 남자아이의 성장과 출세를 기원하며 장대에 높이 단다. - 역주)'의 풍습과 함께 헤이안 귀족의 침전을 지을 때도 활용되었다. 하지만 헤엄치는 예술품으로 받들어 모시는 비단잉어는 일본이 발상지이며 에도 시대에 니가타현에서 등장했다.

'정원의 비단잉어'라고 하면 도쿄 메지로目白의 다나카 가쿠에이 전 총리의 저택이 가장 유명할 것이다.

다나카 전 총리의 사진을 계속 찍었던 카메라맨 야마모토 고이치 山本皓一에게 들은 이야기에 따르면 다나카 가쿠에이는 낮에 중요한 손님이 찾아오면 정원으로 안내했다. 그리고 넓은 연못을 헤엄치는 비단잉어에게 먹이를 뿌려주며 이야기했다고 한다. 상대방은 그 관록에 압도당해 술책에 빠지는 것이다.

1982년 늦가을 '북해의 큰곰' 나카가와 이치로中川一郎 과학기술청 장관은 다가오는 자민당 총재 선거에 출마 지지를 얻기 위해 다나카 전 총리의 저택을 방문해 연못의 비단잉어를 보며 말을 꺼냈다.

"잉어(자신)가 뛰어올라도 되겠습니까?"

그러자 나카소네 야스히로中曽根康弘 후보를 지지하던 다나카 전 총리는 답했다.

"뛰어올라도 되지만 연못 밖으로 튀어 나가면 그대로 말라 죽을 거요."

실제로 나카가와 이치로는 무리하게 출마했다가 나카소네 야스히로에게 큰 차이로 패배해서 선거가 끝난 직후 고향 홋카이도의 호텔 방에서 목숨을 끊었다.

중국의 이야기로 돌아가자. 어쩌면 다나카 가쿠에이 전 총리에게 영향을 받았을지도 모르는데 1972년 9월 다나카 전 총리가 중국을 방문해서 중일 국교 정상화를 완수했을 때 베이징에서 비단잉어를 계속 기른 일본인이 있었다.

그 사람은 일본국 주중국특명전권대사다. 베이징 동부의 량마챠오에 있는 일본대사공관에는 광대한 일본 정원이 있는데 그 연못에는 비단잉어가 유유히 헤엄쳤다.

일본대사공관에서 파티가 열렸을 때 초대받은 중국인들이 넋을 잃고 비단잉어를 바라보는 모습을 나는 여러 번 목격했다. 그들은 이렇게 중얼거렸다.

"나도 언젠가 이런 호화 저택에 살며 비단잉어가 헤엄치는 정원花园을 거느리고 싶다."

그들의 눈에는 일본에서 탄생해 '물속의 살아 있는 보석水中活宝石'로 형용되는 비단잉어가 '돈 많은 일본의 상징'으로 비쳤던 것이다.

그런데 2010년 무렵부터 중국인의 발언은 미묘하게 달라졌다.

"얼마 전 방문한 친구 별장과 '차부뚸'네"…….

'차부둬差不多'는 '차이가 많지 않다', '비슷하다'라는 의미다. 중국에서도 정원 연못에 비단잉어를 기르는 부유층이 계속 생겼다. 실제로 나도 베이징 출신의 지인이 베이징 서쪽 교외에 산 별장에 놀러 갔다가 '연못이 아니라 호수네'라고 느껴질 만한 연못을 보았다. 그곳에서는 비단잉어뿐만 아니라 집에서 먹을 돼지까지 키웠다.

그런 가운데 2018년 궈칭졔国庆节라고 하는 10월 1일 건국기념일 전에 알리바바가 운영하는 알리페이(즈푸바오)의 공식 웨이보에서 '당신이 중국의 비단잉어가 되는 것을 축하하겠다'라는 제목의 이벤트를 실시했다. 알리바바 사이트에서 게시된 상품이나 여행 등을 추첨으로 뽑는다는 기획이다.

궈칭졔의 연휴가 끝나고 추첨 결과가 발표되었는데 당첨된 사람들은 '중궈진리'라고 불렸다. 거기서 '진리'라는 말이 곧 유행어가 되었다. '행운을 얻은 사람', '부유해진 사람'이라는 뜻이다.

이는 내 추측인데 알리바바 이벤트에서 '중궈진리'라는 감투를 씌운 사람은 이 회사의 창업자인 마윈 회장(당시)이 아니었을까? 저우장성 항저우에 있는 통칭 '마윈 저택'을 방문한 내 지인의 말에 따르면 저택 안에는 다다미를 깐 일본식 방과 일본 정원이 있는데 연못에는 최고급 비단잉어가 헤엄쳤다고 한다. 친일파로 유명한 마윈은 '중요한 일은 조용하고 태평한 일본식 공간 안에서 생각한다'고 토로했다고 한다.

그런 마윈도 직접 키운 앤트 그룹(마이지퇀, 蚂蚁集团)이 홍콩과 상하이 시장에서 상장할 예정이었던 이틀 전인 2020년 11월 3일 중국 당국의 제지를 받은 후 마가 끼었다. 공식 자리에 거의 나오지 않아서 알리바바의 지인에게 물어보니 '저택에서 어쩔 수 없이 칩거 중이다'라고 했다.

2021년 8월 앞에서 말했듯이 시진핑 주석이 궁퉁푸위를 소리높여 선언하자 사람들은 이는 신흥 부유층의 상징적 존재인 알리바바를 표적으로 삼은 정책이다'라고 수군거렸다. 알리바바는 지체 없이 '5년 안에 궁퉁푸위 자금 1천억 위안(한화 약 19조)을 투자하겠다'고 발표했다. 2022년 1/4분기는 최종 손익이 적자로 전락했고 2/4분기도 순이익이 전년동기 대비 반으로 줄었다.

진리는 어느 순간 '도마 위에 오른 잉어(남의 뜻대로 당할 수밖에 없는 상황 – 역주)'가 되고 말았다.

33. 흔한 이야기이기는 하지만……

융경 融梗 / 융합할 **융**, 줄기 **경**.
〔룽경〕
① 다른 사람이 만든 창작물의 요소를 자신의 작품에다 끌어다 쓰는 것으로서 표절과는 구분되는 것.

¶그림을 그린 후에 그 종이를 가위로 오려서 몇 조각으로 나누고 다시 대충 붙이잖아? 그럼 법적으로 처벌받는 '차오스'가 아니라 이도 저도 아닌 '룽경(融梗)'이야. 애초에 동서고금을 막론하고 예술작품은 크든 작든 다 그런 식으로 만들어졌잖아.

중국은 말할 것도 없이 한자의 나라다. 머리말에서도 말했지만 중화민족은 한자를 만든 신화와 이야기를 자자손손 말로 전해와서 오늘날까지 살아남았다.

요즘 말하는 국가공무원 시험에 해당하는 과거는 수문제가 587년 무렵에 시작해 청나라 말기인 1905년까지 이어졌는데 그 출제 내용은 법률이나 경제가 아니라 사서오경(대학, 중용, 논어, 맹자, 역경, 서경,

시경, 춘추, 예기)의 이해였다. 내가 유학한 무렵의 베이징대학교에서도 문과의 최고봉(가장 들어가기 어려움)은 법학부와 경제학부가 아니라 중국문학학과(인문학부 중국어언문학계)였다. 거기에 1979년 16세의 나이로 입학해 수석으로 졸업한 사람이 '포스트 시진핑'으로 주목받은 후춘화 부총리다.

신중국의 건국의 아버지 마오쩌둥 주석도 법률과 경제에 진히 관심이 없었고 오직 고금의 중국 문학을 닥치는 대로 읽으며 정치에 활용했다.

건국 8년 후인 1957년, 20세기 중국을 대표하는 작가인 바진巴金(1904~2005년)이 중심이 되어 상하이에서 격월간 문학지 〈쇼휘收获〉와 베이징의 〈스웨十月〉가 중국 문학계를 견인했다. 왕멍王蒙, 라오서老舍, 리춘바오李存葆, 왕안이王安忆, 왕쉬王朔, 위화余华, 여기에 2012년 중국 작가 최초로 노벨문학상을 수상한 모옌莫言 등 저명한 작가는 대부분이 이 2대 문학잡지를 통해 크게 뻗어나갔다.

나는 4년 동안 베이징 생활을 보낸 탓인지 〈스웨〉의 팬이라 정기 구독했다. 이 잡지의 편집장과 술을 마시며 중국 문학에 대한 이야기에 빠진 적도 있다. 중국 문학은 바다의 깊이를 알 수 없는 늪처럼 심오한 '한자의 예술'이다.

그런데 21세기에 들어서자 중국 문학계에 점점 이변이 일어나기 시작하더니 2010년대에 '대분화'했다. 이미 젊은 사람들은 〈쇼휘〉나 〈스웨〉에 눈길도 주지 않는다.

그럼 무엇을 읽을까? 바로 '왕뤄网络 소설'이다. '왕뤄'는 인터넷을 말한다.

2000년대 중반 외자계 기업 간부인 중국인 여성이 리커李可라는 필명으로 왕뤄 소설《두라라셩즈지杜拉拉升职记》를 연재했다. 광둥성의 거대 외자계 기업에 근무하는 '두라라杜拉拉'라는 여성이 출세(셩즈, 升职)하는 성공 스토리다.

이 소설은 좋은 평판을 얻어서 2007년 종이책으로 출판했다. 곧바로 베스트셀러가 되어 4권까지 속편이 나왔다. 그와 동시에 TV 드라마와 영화로도 만들어졌다.

내가 베이징 주재원이었을 때 부하직원인 중국인 여성들은 거의 다 두라라에 푹 빠져서 그녀를 자신들의 이상형처럼 받아들였다. 확실히 드라마에서 두라라 역으로 출연한 왕뤄단王珞丹의 천진난만한 연기는 호평을 얻었다. 그러나 나는 그보다 소설의 자유분방한 문체에 더 큰 충격을 받았다. 그 책은 내가 지금까지 봐온 〈쇼휘〉와 〈스웨〉의 문체에서 분명히 변이되었다.

실제로 중국 문학계에도 충격이 퍼졌다.《두라라셩즈지》와 같은 작품이 계속 등장해 왕뤄 소설 베스트셀러가 종이책으로 출판되는 흐름이 일어났기 때문이다. 2013년 이후 중국이 스마트폰 시대에 들어서자 소설 자체를 발표하는 자리가 종이 매체에서 인터넷 매체 중심으로 전환되었다.

이러한 추세는 중국 출판계에도 혁명을 일으켰다. 중국에서는

1990년대 이후 우후죽순처럼 각 업계에 민영기업이 설립되었지만 출판업계는 개방되지 않았다. 그래서 전국 약 500개 사의 오래된 국유 출판사만 출판권을 소유했다.

그들은 신문출판총서(현 국가광파전시총국)라는 중앙관청의 검열을 받은 후 발행되는 '슈하오书号'를 판권장에 붙여서 출판한다. 슈하오의 발행 건수는 해마다 정해져 있어서 한정된 작가만 소설을 출판할 수 있다.

그러나 왕뤄 소설의 세계는 상부에서 규제하기 전에 멋대로 증식했다. 왕뤄 소설의 편집 프로덕션 쪽에서 보면 경비는 기본적으로 원고료뿐이라서 다양한 필자에게 발표의 장을 제공했다.

작가의 입장에서도 분량 제한을 받지 않고 독자가 열람하는 페이지 수에 따라 원고료를 받을 수 있기 때문에 장편 소설을 계속 썼다. 독자도 사이트에 월 결제로 요금을 내거나 소설마다 일정 페이지 이후에 과금되는 공정한 시스템이기에 안심했다.

흥미로운 점은 독자의 반응을 보며 왕뤄 소설의 내용이 변화한다는 점이다. 예를 들면 분명히 A라는 정의의 아군이 B라는 악역을 퇴치하는 권선징악 스토리였는데 도중에 B 캐릭터의 인기가 높아져서 B가 주인공으로 바뀐다.

또 당국도 '공산당 비판, 음란 묘사, 폭력 묘사'라는 '3악'이 포함되지 않는 한 강하게 규제하지 않는다. 어느 관료는 나에게 이렇게 말했다. "이토록 청년 실업자가 많은 시대에 폭동 한 번 일어나지 않는 이유는 왕뤄 소설의 공간을 개방해줬기 때문이다."

지금은 왕뤄 소설의 세계가 세분화되어 대략 다음과 같이 분류한다.

'판타지(솬환, 玄幻)', '무협(우샤, 武俠)', '신선술(센샤, 仙俠)', '마법사(치환, 奇幻)', 'SF(커환, 科幻)', '도시생활(도우스, 都市)', '환상적인 로맨스(옌칭, 言情)', '역사(리스, 历史)', '전쟁(쥔스, 軍事)', '게임(여우시, 游戏)', '스포츠(티위, 体育)', '호러(링이, 灵異)', '동인(퉁런, 同人)', 'BL(단메이, 耽美)', '환생(얼츠웬, 二次元)'……

마치 14억 중국인 대부분이 작가로 직업을 바꾼 게 아닐까 싶을 정도로 장르가 화려하다.

여기서 한 번 큰 문제가 일어났다. 이 정도로 많은 작품이 인터넷에 넘쳐나자 그중에 이른바 '표절 소설'로 지적받는 작품이 여기저기

나타난 것이다.

예를 들어 2016년 여름 주웨시玖月晞라는 필명의 작가가 발표한 《소년 시절의 너小年的你, 如此美丽》는 2019년 홍콩 출신의 청궈샹曾国祥, Derek Tsang 감독이 영화로 만들어 큰 인기를 얻었다. 그러던 중 '이 작품은 히가시노 게이고의 《백야행》과 《용의자 X의 헌신》 등을 표절했다'라는 말이 계속 나왔다.

히가시노 게이고라고 하면 중국에서 가장 인기 있는 일본인 작가다. 나는 베이징 시절 연간 약 150권의 일본 서적 중국판권을 중국 출판사에 팔았는데 히가시노 게이고 작품의 판권료는 다른 책 수십 권의 판권료를 합친 금액에 필적했다. 그의 인기가 엄청난 만큼 '히가시노 게이고 작품의 그 장면이랑 똑같다'라고 지적할 수 있는 팬이 많았다.

하지만 인터넷에서 소동이 일어난 사이에도 영화는 계속 인기를 얻었고 중국 국내에서 청춘영화로 역대 최고인 15억 5,800만 위안(한화 약 2,961억 원)이라는 흥행 수입을 올렸다. 또 '홍콩 아카데미상'이라 할 수 있는 홍콩전영금상장에서 작품상도 받았다. 그러는 동안 관계자는 하나같이 침묵을 유지했다.

'표절', '도작'을 중국어는 일반적으로 '차오스抄袭' 또는 '시가오洗稿'라고 한다. 그런데 이때 인터넷에서 '룽겅融梗'이라는 신조어가 탄생했다. 이번 사례는 차오스가 아니라 '룽겅'이라는 것이다.

'룽融'은 '융합되다, 조화되다'이고 '겅梗'은 '줄기', 바꿔서 작품의 골격이나 절정 부분, 개그 포인트 등을 나타낸다. 따라서 룽경은 '다른 작품의 골격이나 절정 부분을 융합시킨 작품'이라는 뜻이다.

요즘 일본 작품을 표절한 중국 왕뤄 소설이 꽤 많다는 점에 대해 오랜 지인인 중국의 거대 출판사 편집장에게 캐물었다. 그러자 그는 이렇게 해석했다.

"만약에 종이 한 장에 그림이 그려져 있었다고 쳐. 그걸 다른 종이에 그대로 그려서 발표하면 차오스야.

그런데 그림을 그린 후에 그 종이를 가위로 오려서 몇 조각으로 나누고 다시 대충 붙이잖아? 그럼 법적으로 처벌받는 차오스가 아니라 이도 저도 아닌 룽경이야.

애초에 동서고금을 막론하고 예술작품은 크든 작든 다 그런 식으로 만들어졌잖아."

나는 어쩐지 떨떠름했지만 논의를 중단했다. 더 말했다가는 그의 다음 말이 예상되었기 때문이다.

"우리 중국인도 일본인한테 한자 저작권료를 받지 않는다고!"

34. 결혼이 두려운 건 어디나 마찬가지

공혼족恐婚族 / 두려울 공, 혼인할 혼, 겨레 족
[쿵훈주]
① '결혼을 두려워 하는 사람들'이라는 뜻의 중국 세태를 보여주는 단어
¶예전에 결혼이라는 것은 일종의 윤리적인 관계를 규범으로 삼았습니다. 그러
나 신구의 관념이 병립하는 현재는 새로운 윤리 규범의 출현이 기다리고 있습
니다. 그런 가운데 점점 더 많은 사람들이 쿵훈주(恐婚族)가 되고 있습니다.
㉮ 비혼족

'쿵훈주恐婚族'의 의미는 쉽게 이해할 수 있을 것이다. 정확히 말하자
면 '결혼을 두려워하는 사람들'이다.

나는 2009년 베이징 주재원으로 일했을 때 읽은 《2008년 중국 사
회 형세 분석과 예측》이라는 딱딱한 책의 한 구절을 통해 이 신조어
를 처음 알았다.

"2006년 상하이 남성의 평균 초혼 연령은 31.1세이며 여성의 평균

초혼 연령은 28.4세였다. 베이징은 남성이 28.2세이며 여성이 26.1세다.

이번 조사에서 응답한 사람의 절반 가까이에 해당하는 44.4%가 '나는 쿵훈주'라고 인정한다. 그들의 대부분은 1980년대 생인 빠링허우이다.

또 과반수인 51.7%가 '쿵훈주는 정상적인 현상'이라고 인식했다. 비정상적이라는 관점을 가진 사람은 28.4%였다."

이 대목을 읽고 이중으로 놀랐다. 첫째로 '쿵훈주'라는 신조어가 탄생한 것, 둘째로 이를 정상이라고 생각하는 세대가 등장했다는 점이다.

빠링허우는 앞에서 설명했듯이 이른바 '한 자녀 세대'다. 중국의 '신인류'라고 해도 좋다.

이 책을 읽고 얼마 지나지 않아 진짜 쿵훈주를 만났다. 베이징 애니메이션 페스티벌에서 사회자를 맡은 빠링허우 청년이었는데 일본 애니메이션으로 일본어를 습득한 이른바 애니메이션 오타쿠다. 부모님은 모두 베이징 시 정부의 간부였는데 그는 부모와 똑같은 길을 갈 마음이 없어서 아르바이트로 자금을 모아 6개월에 한 번 코믹마켓(8월과 12월에 도쿄 빅사이트에서 열리는 만화 행사)을 보러 일본에 방문하는 것을 인생의 보람으로 삼았다.

그와 여러 번 밥을 먹는 동안 상담을 받았다.

"부모님이 빨리 결혼하라고 잔소리하는데 전 쿵훈주예요. 일본인이라도 괜찮으니까 저에게 맞는 여성을 소개해 주시지 않겠어요?"

나는 어떤 여성이 취향인지 물었다. 그러자 그는 의외의 말을 꺼냈다.

"이상형은 아키하바라의 메이드 카페에서 일하는 웨이트리스 같은 소녀예요. '어서 오세요~ 주인님!'이라는 말을 들으면 '얘랑 결혼하고 싶어'라고 생각하거든요."

그 청년은 아직 귀여운 수준이었고 쿵훈주를 상대로 사업을 하는 남성도 있었다. 어느 거래처 국유출판사의 꽃미남 사원에게 "이번 춘제에는 고향에 가나?"라고 떠봤더니 이렇게 말하는 것이 아닌가.

"춘제 기간에는 쿵훈주 여성을 상대로 돈을 벌어요. 다시 말해 제가 '가상의 남친, 약혼자'가 되어 주고 여성의 고향에 가서 부모님을 안심시키죠. 이 일을 1박 2일로 하면 월급 두 달 치는 벌 수 있으니까 세 번 하고 6개월 치를 벌 생각입니다."

2010년 정월부터는 쿵훈주를 줄이기 위한 TV 프로그램으로도 소문난 〈두근두근 스위치非诚勿扰〉(직역하면 '진심이 아니면 상관하지 마')가 장쑤텔레비전江苏卫视의 주말 황금시간대에 방영되었다. 사회는 당대 최고의 명 MC 멍페이孟非다.

〈두근두근 스위치〉는 곧 국민 프로그램으로 성장했다. 주위의 중국인들도 주말 저녁에는 이 프로그램을 시청하는 탓에 중국인 친구들과 함께 밥을 먹을 수 없을 정도였다. 그래서 나도 봤더니 이건 일본에서 한때 인기를 얻은 프로그램 〈프러포즈 대작전〉(1973~1985년까지 방영된 예능 프로그램)의 표절이 아닌가!?

하지만 일본과 다른 점 두 가지가 있었다. 하나는 〈프러포즈 대작전〉의 메인 코너인 '필링 커플'은 남녀 5명씩이었는데 중국판은 여성 24명에 남성이 딱 한 명이라는 점이다. 즉 여성들이 청년을 에워싸서 질문 공세를 펼치고 청년이 마음에 들지 않는 여성부터 포기하는 식이다. 여성 여러 명이 남성을 마음에 들어 하면 공수가 역전되어 이번에는 청년이 여성들을 품평한다.

또 하나는 정식으로 커플이 탄생했을 때 게스트인 사회학자들이 '멋진 결혼 생활' 등에 대해 설명하는 부분이다. 이것이 쿵훈주 해결 프로그램이라고 불리는 까닭이다. 나는 그 후 이 프로그램의 촬영을 스튜디오에서 견학했는데 두 시간짜리 프로그램을 10시간 동안 찍었고 교육적 요소가 담긴 발언이 많았다.

그럼 이 경이적인 시청률을 자랑하는 프로그램을 통해 쿵훈주는 자취를 감췄을까? 코로나19 사태로 집에서 한가하게 보내던 2020년, 오랜만에 인터넷으로 이 프로그램을 봤다가 기겁을 하고 말았다. 멍페이가 심각한 표정으로 이렇게 말했다.

"한 통계에 따르면 2008년과 2016년을 비교해보니 쿵훈주의 비율이 22%에서 66%로 증가했다고 합니다. 또 국가통계국과 민정부의 통계에 따르면 2019년 전국 결혼등기자 수가 947만 쌍으로 처음으로 1천만 쌍의 선이 깨졌습니다. 우리는 요즘 청년들의 결혼 문제를 다시 생각해야 합니다."

게스트도 이렇게 설명했다.

"예전에 결혼이라는 것은 일종의 윤리적인 관계를 규범으로 삼았습니다. 그러나 신구의 관념이 병립하는 현재는 새로운 윤리 규범의 출현이 기다리고 있습니다. 그런 가운데 점점 더 많은 사람들이 쿵훈주가 되고 있습니다."

이 깊은 프로그램마저 쿵훈주의 증가에 포기한 듯한 느낌이 든다.

실제로 그 밖에도 무서운 통계가 2021년 5월에 발표되었다. 중국은 10년에 한 번 끝이 0인 해에 전국적인 인구조사를 실시한다. 2020년 가을에 제7회 인구조사를 실시한 결과가 나왔다.

이때 시진핑 정권은 '공산당의 지도로 평균 수명이 10년 전 74.83세에서 77.93세로 3살 이상이나 늘어났다'라고 강조했다. 하지만 나는 다른 데이터에 주목했다. 그것은 평균 초혼 연령과 초혼한 사람 수다. 각각 다음과 같았다.

평균 초혼 연령
2010년 24.89세(남성 25.75세, 여성 24세)
2020년 28.67세(남성 29.38세, 여성 27.95세)
초혼한 사람의 수
2010년 2,200만 9천 명
2020년 1,288만 6천 명

10년 동안 급격한 변화가 일어난 것을 알 수 있을 것이다. 베이징과 상하이뿐만 아니라 농촌 지역도 포함한 초혼 연령은 4살 가까이 상승했고, 초혼한 사람 수는 40% 넘게 줄었다. 세계 최대의 인구 대국은 앞으로 어떻게 될 것인가?

아니, 구제할 방법도 있다. 바로 다시 일본과 관계를 맺는 것이다.

내 지인 중에 도쿄에서 거대 중국계 기업의 간부로 일하는 30대 후반의 독신 중국인 여성이 있다. 얼마 전 그녀는 자신이 '전 쿵훈주'라고 고백한 후 이렇게 말했다.

"중국에서 지금 여성 쿵훈주의 바이블이라고 하는 책이 우에노 지즈코上野千鶴子의 《여성 혐오를 혐오한다》(은행나무, 2022년 개정)예요. 저도 이 책을 읽고 감명을 받아서 그날 이후 우에노 지즈코 교수의 작품을 닥치는 대로 독파했습니다.

'결혼은 순간이 영원히 지속된다는 망상이다'

'결혼의 정의란 자기 몸의 성적 사용권을 특정 유일한 남성에게 평생에 걸쳐서 배타적으로 양도하는 계약을 말한다'

정말로 명언 아닌가요? 전 우에노 지즈코 교수의 책을 읽고 쿵훈을 극복했어요. 여성이 독신인 것을 자랑스러워하게 되었습니다.

지금은 주위에도 바이블을 추천하고 있어요."

생각해보면 중국 정부는 일본에게 잘못을 꾸짖을 때가 많다. 하지만 쿵훈주인 남성과 여성에게 은근히 힐링과 도움을 주고 있다.

중국이여, 그대의 적(일본)을 사랑하라!

미주

1. 처음 만나면 관계가 생기고 두 번 만나면 관계가 무르익으며 세 번 만나면 친구가 된다.
   一回生，二回熟，三回是朋友
2. 원앙도 큰 어려움이 닥치면 각자 날아간다.
   夫妇本是同林鸟，大难临头时各自飛
3. 친구 한 명이 늘면 길이 하나 더 생긴다.
   多一个朋友，多一条路
4. 하늘 아래 어려운 사업이 없게 한다.
   让天下沒有难做的生意
5. 내일의 중국은 오늘보다 더 훌륭해진다.
   明天的中国比今天更美好
6. 졸업은 곧 실업.
   毕业即失业
7. 중용의 덕이 지극하다.
   中庸之爲德也，其至矣乎
8. 어느 쪽에도 치우치지 않고 늘 변함없는 것. 한쪽으로 기울지 않고 지나치거나 미치지 못함이 없는 것.
   不偏不倚無過不及
9. 노력 인플레
   努力的通货膨胀
10. 낙숫물이 댓돌을 뚫는다.
    滴水穿石
11. 아름다운 꽃 한 송이가 소똥에 꽂히다.
    鲜花插在牛粪上

12. 배우고 때때로 익히면 또한 기쁘지 아니한가?

    學而時習之 不亦說乎

13. 조화로운 사회와 세계

    和谐社会, 和谐世界

14. 푸둥의 방 하나보다 푸시(구 시가지)의 침대 하나를 더 원한다.

    宁要浦西一张床, 不要浦东一间房

15. 말라죽은 낙타라도 말보다 크다.

    瘦死的骆驼比马大

16. 모든 저항과 반란에는 나름대로 이유가 있다.

    造反有理

17. 일과 생산의 부활

    復工復産

18. 1명 대 14억 명

    一比十四亿

19. 마룻대가 바르지 않으면 아래 들보가 비뚤어진다. 윗물이 맑아야 아랫물이 맑다.

    上梁不正下梁歪

20. 한 가정도 빼먹지 말고 한 명도 빠뜨리지 않는다.

    不漏一户, 不落一人

21. 검은 고양이든 흰 고양이든 쥐를 잡는 고양이는 좋은 고양이다.

    不管黑猫白猫, 捉住耗子才是好猫

22. 5대 요구 사항을 단 하나라도 빼지 말라.

    五大诉求, 欠一不可

23. 홍콩인이 홍콩을 다스린다.

    港人治港

24. 애국자가 홍콩을 다스린다.
    爱国者治港
25. 인구는 바로 재산이다.
    人口就是财富
26. 인구가 증가하면 나라가 강해지고 호적이 감소하면 나라가 곧 쇠퇴한다.
    人口增者国必强, 戶籍減时国则衰
27. 후궁 미녀 3천명
    後宮佳麗三千人
28. 물이 너무 맑으면 물고기가 없다.
    水至淸則無魚
29. 하나의 산에 두 마리의 호랑이가 살 수 없다.
    一山不容二虎
30. 두 영웅이 함께 존재할 수 없다.
    兩雄不俱立
31. 뉴스 미디어의 당성 원칙
    新闻媒体的党性原则
32. 정해진 시간 내로 반드시 배달하고 약속 시간을 초과하면 그 자리에서 배상한다.
    准时必达, 超时秒赔
33. 여러분이 더 잘 먹고 더 잘 살 수 있도록 도와드리겠습니다.
    帮大家吃得更好, 生活更好

에필로그

'20大(얼스따)'라고 불리는 제20회 중국공산당대회(2022년 10월 개최)에서 시진핑 주석이 전례 없는 3선 연임을 노리는 일로 머릿속이 꽉 찼던 여름, 여느 때처럼 겐다이신서(출판사) 편집장인 동료 아오키 하지메青木 肇가 찾아왔다.

'여느 때처럼'이라고 한 이유는 이전에《대중전략対中戦略》(2013년),《중국 경제 '1,100조 엔 파탄'의 충격中国経済「1100兆円破綻」の衝撃》(2015년),《팍스 차이나 중화제국의 야망パックス・チャイナ 中華帝国の野望》(2016년),《대국의 폭주大国の暴走》(2017년),《미래의 중국연표未来の中国年表》(2018년),《팩트로 읽는 미중 신냉전과 애프터 코로나ファクトで読む米中新冷戦とアフター・コロナ》(2021년)를 의뢰했을 때와 똑같은 표정을 하고 있었기 때문이다. 이 책들은 각각 중국의 '전략', '경제', '외교', '대국', '인구', '역병'을 주제로 했다.

"이번에는 '말'을 주제로 써 주세요. 중국어 신조어나 유행어, 은어 등을 심층적으로 다뤄서 '이상한 중국'에 대해 설명하는 콘셉트입니다."

밍바이(明白, 알겠습니다)! 이렇게 해서 2016년에 이어 다카스키 준이치高月順一 씨에게 편집 담당을 부탁해 이 책을 단숨에 써버렸다. 메이지대학교의 유학생 제자이며 경영자로 성공한 자오이룬赵艺伦 씨도 조언을 해주었다. 이 세 명과 여러 등장 인물에게 감사를 전한다.

곤도 다이스케

요즘 중국

초판 1쇄 발행 2023년 6월 13일
　　　　2쇄 발행 2023년 7월 13일

지은이 곤도 다이스케
옮긴이 박재영
펴낸이 오세인 | **펴낸곳** 세종서적㈜

주간 정소연
기획·편집 김재열 | **표지디자인** thiscover.kr | **본문디자인** 김진희
마케팅 임종호 | **경영지원** 홍성우
인쇄 탑 프린팅 | **종이** 화인페이퍼

출판등록 1992년 3월 4일 제4-172호
주소 　　서울시 광진구 천호대로132길 15, 세종 SMS 빌딩 3층
전화 　　(02)775-7012 | 마케팅 (02)775-7011 | 팩스 (02)319-9014

홈페이지　www.sejongbooks.co.kr | 네이버 포스트 post.naver.com/sejongbooks
페이스북　www.facebook.com/sejongbooks | 원고 모집 sejong.edit@gmail.com

ISBN 978-89-8407-879-6　03910